Celme

ciencias da natureza

smxerme

4 primaria

O TEU LIBRO

Que importante é...

- a biodiversidade.
- preservar os ecosistemas.
- identificar as emocións...

Comezarás cada unidade reflexionando sobre un valor a partir dun texto ou dunha imaxe.

Seccións máis destacadas

CONTIDOS

- Contextos iniciais e imaxes que axudan á comprensión de contidos.
- Experimentos que complementan os contidos.

ASÍ SE CONSTRÚE A CIENCIA

- Coñecerás procedementos que te acercarán ao mundo científico.

ORGANIZA AS TÚAS IDEAS

- Lectura de esquemas.
- Actividades para traballar co esquema.

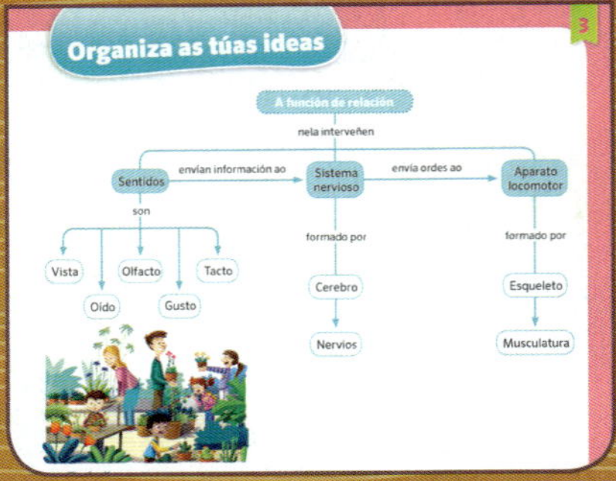

Ponte a proba

Pon en marcha as túas competencias e comproba o que aprendiches coa tarefa final.

A túa revista

- Interesantes noticias que che servirán para repasar os contidos de forma lúdica e divertida.

E ademais...

Ao final de cada trimestre

- COMPROBA O QUE APRENDICHES
- PROXECTO TRIMESTRAL

O teu contorno de aprendizaxe
Celmedixital

(www.smcelmedixital.com)
O teu sitio na web para aprender e divertirte.

Ponte a punto

Actividades iniciais para recordar o que xa sabes e prepararte para seguir aprendendo.

Observa e relaciona/Comprende

Vídeos e animacións que che axudarán a comprender mellor os contidos.

Actividade inicial

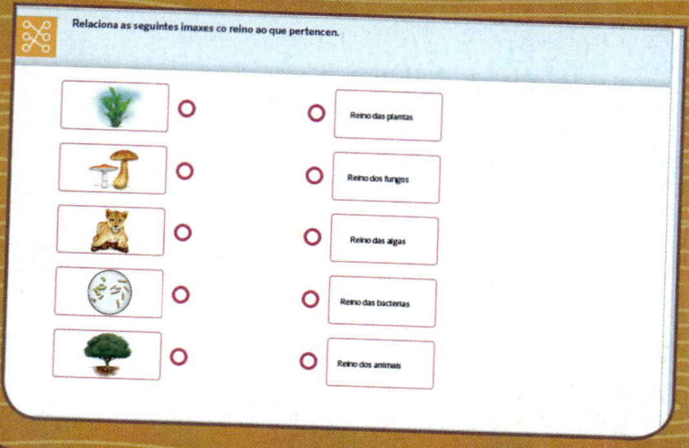

Xoga e aprende/Practica

Xogos e actividades. Así, todo o que aprendas non se che esquecerá.

Actividade interactiva

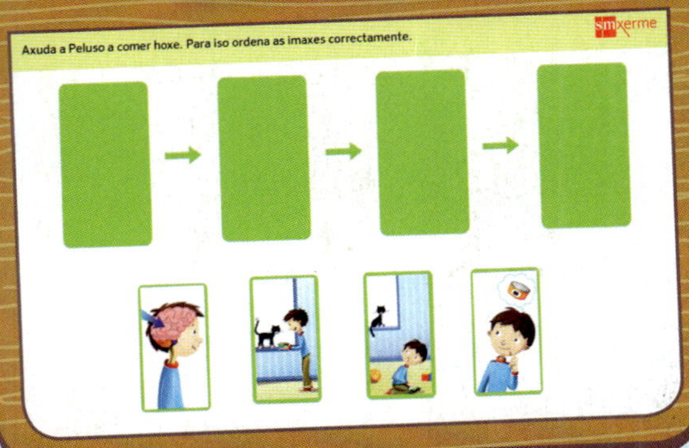

Valora o aprendido

Actividades finais coas que comprobarás todo o que aprendiches e como traballaches.

Entrar en Celmedixital é fácil:

1. Escribe en internet o seguinte enderezo: smcelmedixital.com
2. Rexístrate e introduce o número de licenza que atoparás nada máis abrir o teu libro.
3. Como só debes rexistrarte unha vez, anota o teu identificador e contrasinal.

Índice

Contidos

Seccións finais

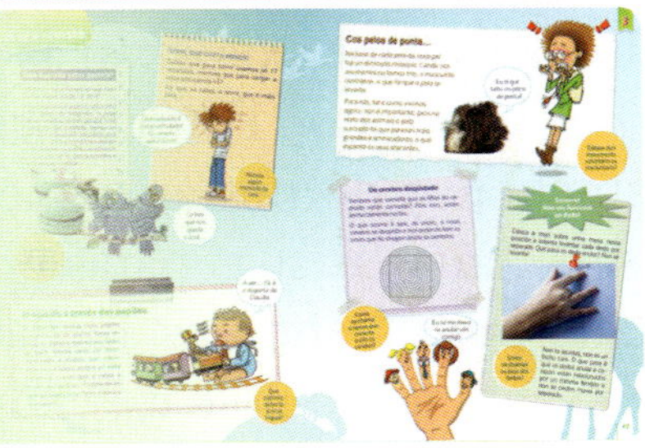

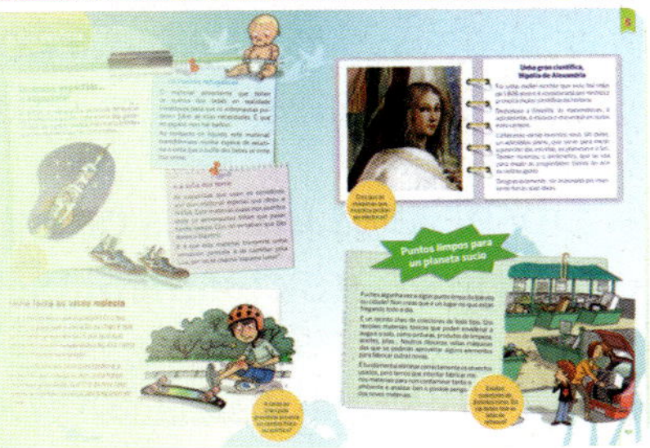

Máis actividades e contidos en smCelmedixital.com

1 As plantas, uns seres vivos esenciais

As primeiras flores da Terra

Hai millóns de anos, o noso planeta estaba poboado por seres vivos inmensos, como os fentos xigantes ou o *Tyrannosaurus rex*. Foi entón cando apareceron as primeiras flores. Non eran tan vistosas coma as flores de agora, pero engadiron cores a un mundo verde cheo de réptiles.

Durante esta época tamén viviron unhas pequenas abellas que axudaban ás plantas a multiplicarse. Sabes como? Pousábanse sobre as flores para alimentarse do néctar que estas producían e, sen darse conta, as súas patas enchíanse dun po chamado pole. Cando as abellas voaban a outra flor, deixaban nela o pole e, grazas a iso, as plantas podían reproducirse.

Falamos

1. Como se chama a substancia que toman os insectos das flores? E o po que transportan nas súas patas?

2. Observa as plantas da imaxe, que criterios utilizarías para clasificalas?

3. Fai unha lista con todo o que che proporcionan as plantas na túa vida cotiá.

Que importante é... a biodiversidade!

A gran variedade de plantas do mundo achega unha riqueza natural á Terra. Por iso é fundamental conservar as sementes de todas as plantas.

Tarefa final

Pon en práctica unha técnica sinxela e natural de cultivo de sementes.

1 Os seres inertes e os seres vivos

As nubes, a auga e o aire móvense. En que se diferencian do xabaril?

Diferéncianse en que as nubes, a auga e mais o aire son inanimados, é dicir, non teñen vida. Por iso reciben o nome de **seres inertes**.

En que se diferencian?

Os **seres vivos** distínguense dos seres inertes en que sofren unha serie de cambios ao longo do tempo: **nacen**, **crecen**, **relaciónanse**, **reprodúcense** e **morren**.

Todos estes cambios prodúcense porque os seres vivos, a diferenza dos inertes, levan a cabo tres **funcións vitais**: a **función de nutrición**, a **función de relación** e a **función de reprodución**.

Para realizar estas funcións vitais, os seres vivos necesitan órganos e aparatos que traballen de forma coordinada.

A clasificación dos seres vivos

Para estudar os seres vivos do noso planeta, os científicos fixáronse nas súas características e clasificáronos en grupos ou **reinos**.

Os seres vivos clasifícanse en cinco reinos: reino dos **animais**, reino das **plantas**, reino dos **fungos**, reino das **algas** e reino das **bacterias**.

Os cinco reinos

Reino dos animais

Os animais aliméntanse doutros seres vivos e son capaces de desprazarse dun lugar a outro. Tanto os leóns como as formigas son animais.

Reino das plantas

As plantas fabrican o seu propio alimento e non poden desprazarse. O carballo e a margarida son plantas.

Reino dos fungos

Os fungos aliméntanse de restos doutros seres vivos e non se poden desprazar. Os cogomelos pertencen a este grupo.

Reino das algas

As algas parécense ás plantas porque fabrican o seu propio alimento, pero son máis sinxelas e non teñen as mesmas partes que as plantas.

Reino das bacterias

As bacterias son seres moi sinxelos. Son moi pequenos e non poden verse a simple vista.

- Os **seres vivos**, a diferenza dos seres inertes, realizan as **funcións vitais**.
- Os seres vivos clasifícanse en cinco **reinos**: **animais**, **plantas**, **fungos**, **algas** e **bacterias**.

Actividades

1. Explica os cambios que experimenta un coello ao longo da súa vida.
2. Fíxate no debuxo do bosque. Que seres vivos recoñeces? Indica a que reino pertence cada un.
3. En que se parece un animal a un fungo? E unha planta a unha alga?
4. Carlos pensa que os seres humanos non pertencemos a ningún dos cinco reinos. Ten razón? Xustifícao.

2 O reino das plantas

Mira ao teu redor e veralas, enormes, diminutas, case todas verdes... Son as plantas! Todas pertencen ao mesmo reino.

As plantas son esenciais para o resto de seres vivos porque proporcionan osíxeno, alimento e serven de refuxio.

No noso planeta existen moitas plantas que son moi diferentes entre si. Pero todas elas son seres vivos e realizan as **funcións vitais** necesarias para crecer e poder vivir. Non poden desprazarse e producen o seu propio alimento.

Como se alimentan?

As plantas son capaces de **fabricar o seu propio alimento** a partir da auga e os sales minerais que conseguen do solo, do dióxido de carbono do aire e da luz do sol.

Tamén necesitan **enerxía**. Obtéñena a partir do alimento que fabricaron e do osíxeno do aire.

Como se relacionan?

Aínda que as plantas viven **fixas ao solo** e non teñen órganos dos sentidos, son capaces de relacionarse co medio de diferentes maneiras. Por exemplo, cando moven os seus talos e as súas follas na procura da luz solar.

Como se reproducen?

As plantas, como o resto de seres vivos, son capaces de reproducirse, pero como o fan? Poden reproducirse por medio de **sementes**, como o feixón, ou a partir dun anaco da mesma planta, como fai o xeranio.

As partes das plantas

A maioría das plantas posúen: **raíz**, **talo** e **follas**.

A **raíz** suxeita a planta ao solo e toma a auga e os sales minerais que esta necesita para elaborar o seu alimento.

O **talo** é a parte da planta que crece por encima do chan e sostén as follas. No seu interior hai dous tipos de condutos: uns transportan as substancias que absorben as raíces ata as follas e os outros reparten por toda a planta o alimento que se fabrica nas follas.

A planta fabrica o seu alimento nas **follas**. Para crealo necesita as substancias que absorbe do solo, un gas, o dióxido de carbono, que toma do aire, e a luz do sol.

Moitas follas presentan dúas partes: o **limbo** e o **pecíolo**.

- O **limbo** é a parte plana da folla.
- O **pecíolo** é a parte que une o limbo co talo.

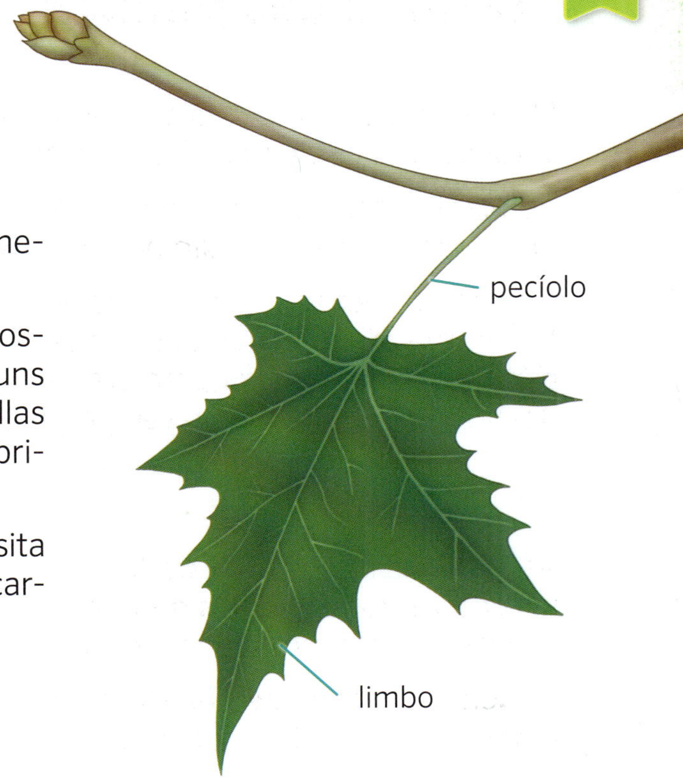

As follas poden ter diferentes formas: por exemplo, as dos piñeiros son alongadas.

As plantas **fabrican o seu propio alimento**, viven **fixas ao solo** e teñen **raíz**, **talo** e **follas**.

Actividades

5 Como se alimentan as plantas? Escribe no teu caderno que necesitan para alimentarse.

6 Recolle no campo unha planta pequena completa. Pégaa con fita adhesiva nunha cartolina e sinala as partes que recoñezas nela.

smCelmedixital.com
PRACTICA Partes dunha planta.

3 Clasificación das plantas

Que lles ocorre ás follas das árbores ao longo do ano? Algunhas pérdenas no outono, como a maceira: son plantas de folla caduca. En cambio, outras, como o piñeiro, conservan as súas follas durante todo o ano, xa que son plantas de folla perenne.

En que outros aspectos te podes fixar para clasificar as plantas?

As plantas con flores e sen flores

Algunhas plantas posúen flores e outras non. Esta característica pode axudarnos a clasificalas.

- As **plantas con flores** poden ter flores rechamantes, como ocorre na roseira e o xirasol. Outras, porén, teñen flores moi distintas das que imaxinamos cando pensamos nunha flor. É o caso do freixo.
- As **plantas sen flor** son os musgos e os fentos.

As plantas segundo o seu talo

Tamén podemos clasificar as plantas segundo o seu talo.

- As **plantas leñosas** posúen un talo duro e clasifícanse, á súa vez, en dous grupos: **árbores**, como o bidueiro, e **arbustos**, como a roseira silvestre.
- As **plantas herbáceas ou herbas** teñen un talo delgado e flexible. O trigo e as margaridas son plantas herbáceas.

> ▶ As plantas clasifícanse en **plantas con flores** e en **plantas sen flores**.
>
> ▶ Segundo como sexa o seu **talo**, as plantas clasifícanse en **plantas leñosas** e **plantas herbáceas**.

Actividades

7. Observa a escena destas páxinas. Cales son as plantas que posúen flor?
8. En que se diferencian as plantas leñosas das plantas herbáceas?
9. Neste grupo de plantas leñosas coáronse dous intrusos. Escribe o seu nome no teu caderno.

piñeiro | carballo | papoula | ciprés | abeto | margarida

4 A nutrición das plantas

As plantas non necesitan ir ao mercado para comprar comida, xa que son capaces de elaborar o seu propio alimento. Vaia sorte! Pero como o fan? Imos descubrilo.

Como fabrican o seu propio alimento?

Para fabricar o seu alimento, as plantas necesitan **auga**, **sales minerais**, **aire** e a **luz** do sol.

A través da **raíz**, as plantas absorben do solo auga e sales minerais para formar unha mestura chamada **zume bruto**. O zume bruto ascende ata as follas a través do talo, por uns condutos que se chaman **vasos leñosos**.

Nas **follas**, as plantas toman do aire un gas chamado **dióxido de carbono**. Este gas mestúrase co zume bruto e, coa axuda da **luz solar**, forma o alimento da planta, chamado **zume elaborado**. Todo este proceso que ocorre nas follas chámase **fotosíntese**. Como consecuencia del xérase outro gas, o **osíxeno**, que a planta expulsa a través das súas follas.

Por último, o zume elaborado repártese por toda a planta a través dos **vasos liberianos**.

Experimenta A viaxe das substancias a través da planta

1. Cortamos parte dun talo de apio en dúas metades.

2. Enchemos un vaso con auga e tinta vermella, e outro vaso con auga e tinta azul. Colocamos o apio como na imaxe.

3. Deixamos o apio colocado nos dous vasos un día. Este é o resultado.

10 Se a auga do solo está contaminada, cres que lle afectará á planta? A que parte?

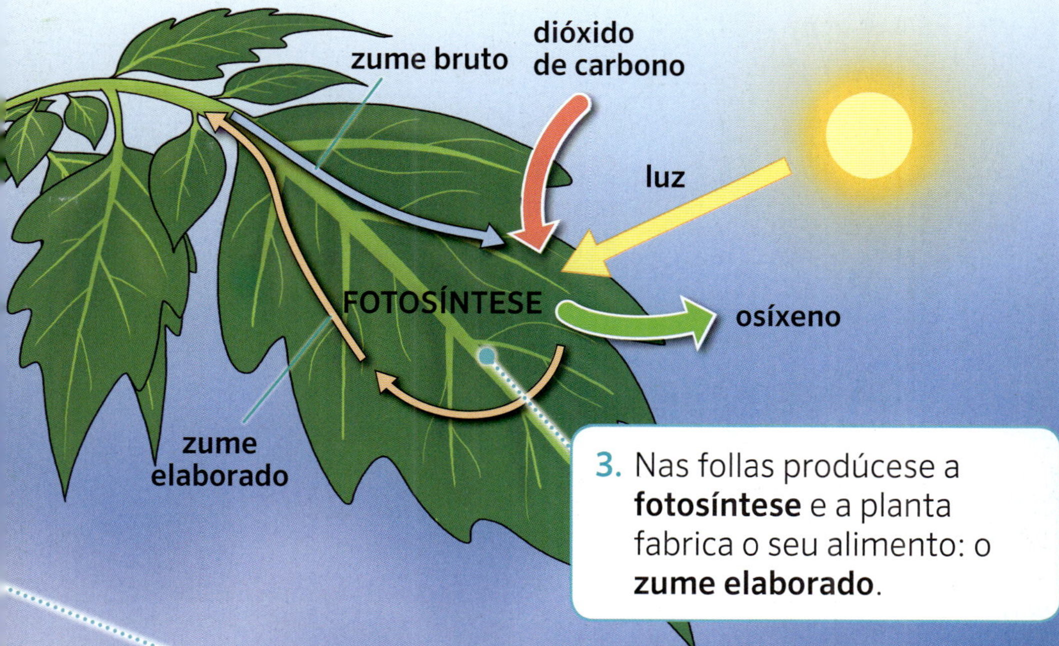

3. Nas follas prodúcese a **fotosíntese** e a planta fabrica o seu alimento: o **zume elaborado**.

4. O zume elaborado chega a todas as partes da planta a través dos **vasos liberianos**.

smCelmedixital.com
COMPRENDE As plantas fabrican o seu propio alimento.

- Para elaborar o seu **propio alimento** as plantas necesitan **auga**, **sales minerais**, **aire** e **luz** do sol.
- Ao fabricar o seu alimento, as plantas desprenden **osíxeno** durante a **fotosíntese**.

Actividades

11 Que substancias toma do solo unha planta para elaborar o seu alimento? E do aire?

12 Poderán as plantas realizar a fotosíntese pola noite? Razoa a túa resposta.

13 Por que non poderiamos sobrevivir se na Terra desaparecesen as plantas?

5 A reprodución das plantas

A flor de Pascua non pode nacer dun ovo de Pascua, porque as plantas non son seres vivos ovíparos. As plantas reprodúcense por medio de **sementes**.

A **flor** é o órgano reprodutor da maioría das plantas.

As partes da flor

As partes máis importantes da flor son: a **corola**, o **cáliz**, os **estames** e o **pistilo**.

A **corola** é o conxunto de follas de cores. Estas follas chámanse **pétalos**.

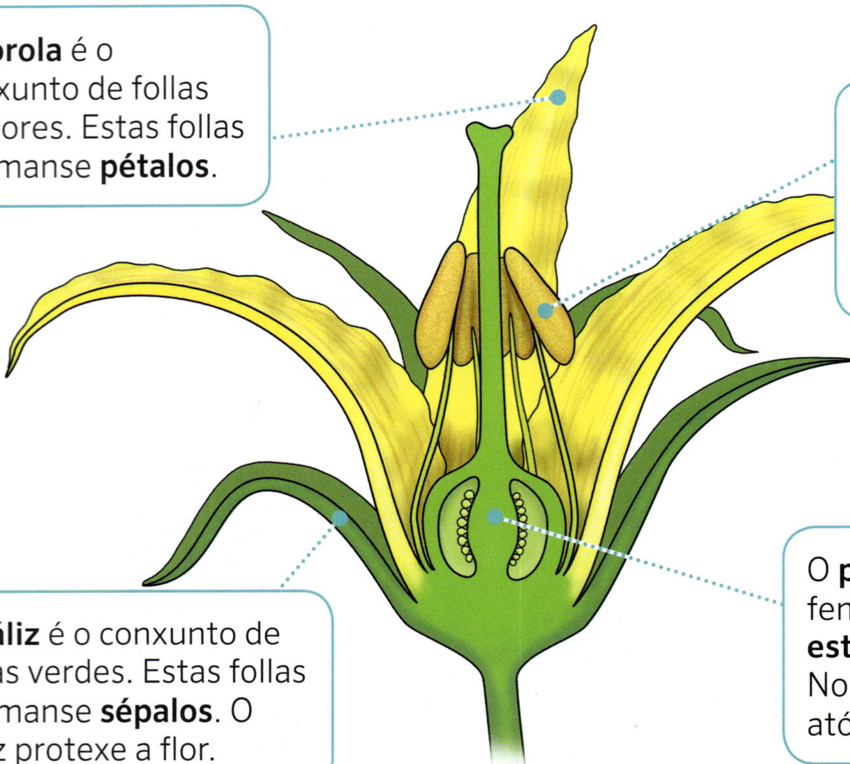

Os **estames** son os órganos reprodutores masculinos. Están formados polo **filamento** e unha bolsiña, chamada **antera**, que contén o **pole**.

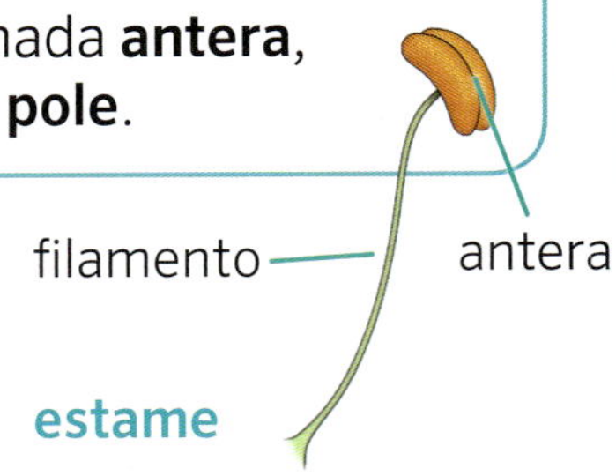

O **cáliz** é o conxunto de follas verdes. Estas follas chámanse **sépalos**. O cáliz protexe a flor.

O **pistilo** é o órgano reprodutor feminino. Está formado polo **estigma**, o **estilo** e o **ovario**. No interior do ovario atópanse os **óvulos**.

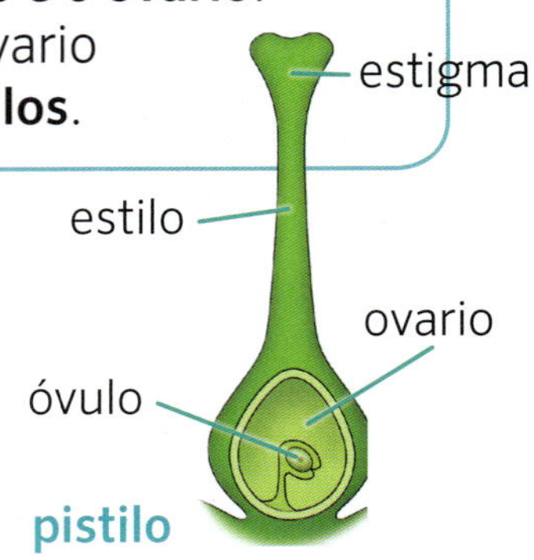

Como se reproducen as plantas con flor?

Para que se produza a reprodución, o pole dunha planta ten que chegar ao pistilo doutra planta. O pole transpórtase grazas ao vento e a algúns animais, como as abellas. Este proceso chámase **polinización**.

Cando o pole chega ao pistilo, baixa por el ata alcanzar o ovario. Unha vez alí, o gran de pole únese a un óvulo e transfórmase en **semente**.

A partir dese momento, o cáliz e a corola murchan e caen. Mentres, o ovario comeza a crecer e a transformarse ata orixinar o **froito**. A principal función dos froitos é a de protexer as sementes durante o seu desenvolvemento.

Cando os froitos están maduros, caen da planta e, no chan, as sementes crecen e poden dar lugar a unha nova planta. Este proceso chámase **xerminación**.

Observa e comprende A reprodución das plantas

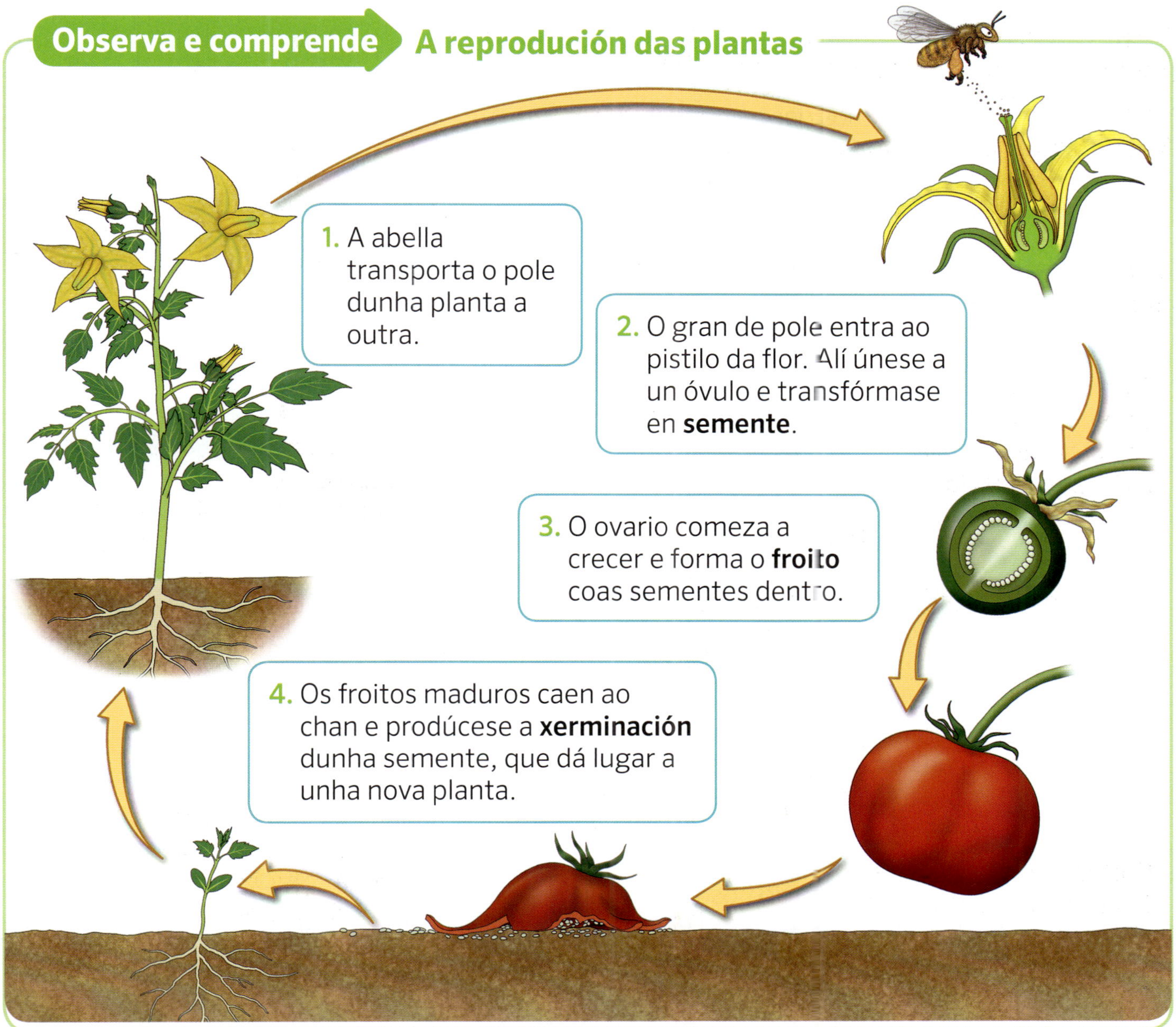

- As **flores** están formadas pola **corola**, o **cáliz**, os **estames** e o **pistilo**.
- Na fecundación, o pole únese co óvulo e forman **sementes**, tras o cal o ovario se transforma en **froito**.
- As sementes **xerminan** e forman unha nova planta.

smCelmedixital.com
XOGA E APRENDE Como se forman os froitos e as sementes?

Actividades

14 Por que son tan vistosos os pétalos dalgunhas flores? Que utilidade teñen?

15 Nomea os órganos reprodutores das plantas e debuxa as súas partes.

16 Que partes da flor murchan e caen cando se forma o froito?

17 Que é a xerminación? Explícao coas túas palabras.

Así se constrúe a ciencia

Realizamos un experimento

Imos ver que pasos debemos dar para facer un experimento.

PASO 1 **Preguntámonos que é o que queremos comprobar** co noso experimento. Por exemplo: As plantas crecen buscando a luz?

PASO 2 **Ideamos e poñemos en práctica unha experiencia** que nos permita observar como se comporta unha planta exposta á luz.

Metemos unha planta nun recuncho dunha caixa de cartón e facemos un burato no lado oposto da tapa.

Despois, poñemos a tapa e colocamos a caixa nun lugar luminoso. Esperamos unhas semanas.

PASO 3 **Observamos** o resultado do noso experimento e **sacamos conclusións.**

Razoo

1. Se a caixa fose de cristal, cres que a planta sairía polo burato da tapa? Razoa a túa resposta.
2. Con que función vital relacionarías este experimento? Explica a túa resposta.

Poño en práctica

3. Ademais de luz e auga, necesitarán as plantas terra para poder vivir? Idea un experimento que sirva para poder comprobalo. Descríbellelo paso a paso aos teus compañeiros.

Organiza as túas ideas

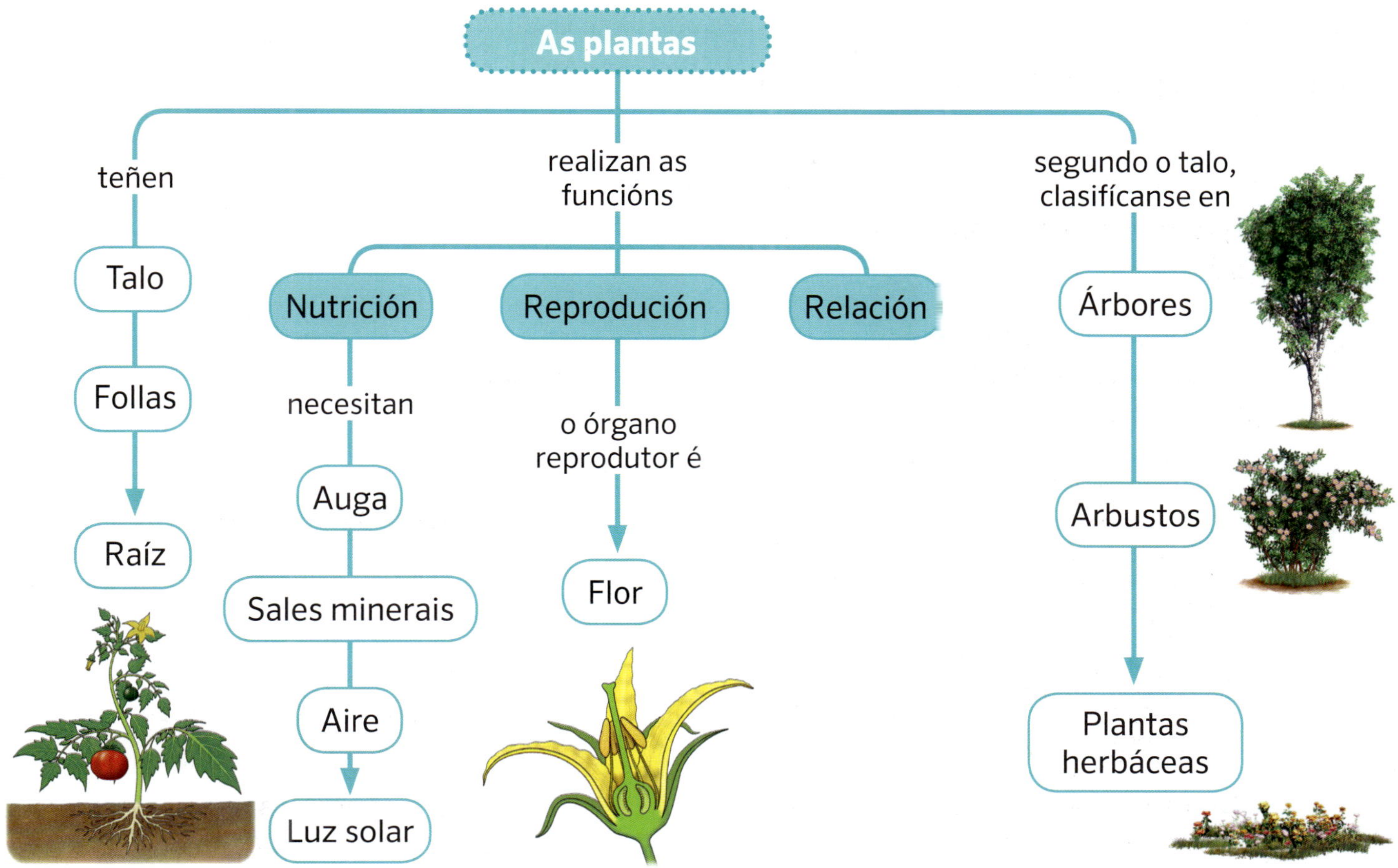

Traballa co esquema

1. Que outra clasificación das plantas coñeces? Copia este esquema no teu caderno e engádea.

2. En que lugares do esquema incluirías estas palabras?

   zume bruto · fotosíntese · limbo · musgo

3. A que reino pertencen os seres vivos que aparecen a continuación? Cales poderías incluír no esquema?

4. Redacta un resumo que recolla as funcións que realizan as plantas do esquema. Podes empezar así:

   > As plantas son seres vivos e, polo tanto, realizan as funcións de...

5. Copia no teu caderno o debuxo da flor e sinala as súas partes. En que consiste a polinización?

6. Das plantas que aparecen a continuación, cales cres que poderían aparecer no esquema como exemplos de plantas herbáceas?

   trigo · papoula · xara · carballo · bidueiro · ciprés · roseira silvestre

Repasa a unidade

1 Observa as imaxes: son seres vivos ou son seres inertes? Escribe tres características que che permitan xustificar a túa resposta.

a 

b 

2 A que tipo de seres vivos corresponden estes trazos?

Viven fixados ao solo.

Aliméntanse doutros seres vivos.

3 Escribe o nome da parte da planta á que se fai referencia en cada oración.

a) Suxeita a planta ao solo.

b) Mantén a planta erguida.

c) Absorbe auga do solo.

d) Expulsa osíxeno.

4 Observa a seguinte imaxe:

a) Segundo a súa forma, que tipo de folla é?

b) E segundo o seu bordo?

5 A roseira silvestre, os xirasoles e a faia son exemplos de...

A. plantas con flor.

B. plantas sen flor.

C. arbustos.

D. plantas herbáceas.

6 Clasifica, estas substancias segundo saian ou entren na planta.

auga | osíxeno | sales minerais | hidratos de carbono

7 Une no teu caderno cada parte da planta co seu termo relacionado.

Talo •	• Zume bruto
Raíz •	• Fotosíntese
Folla •	• Vaso liberiano

8 Debuxa esta flor no teu caderno e escribe os nomes das partes sinaladas.

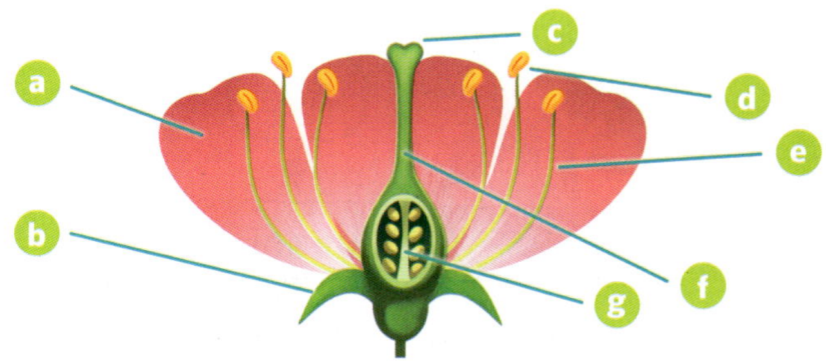

9 Ordena e explica, paso a paso, os cambios que vai experimentando unha flor.

10 Copia o debuxo no teu caderno e indica as partes que forman o pistilo.

smCelmedixital.com

VALORA O APRENDIDO Comproba o que sabes na **autoavaliación**.

Ponte a proba

Como se chama esta árbore?

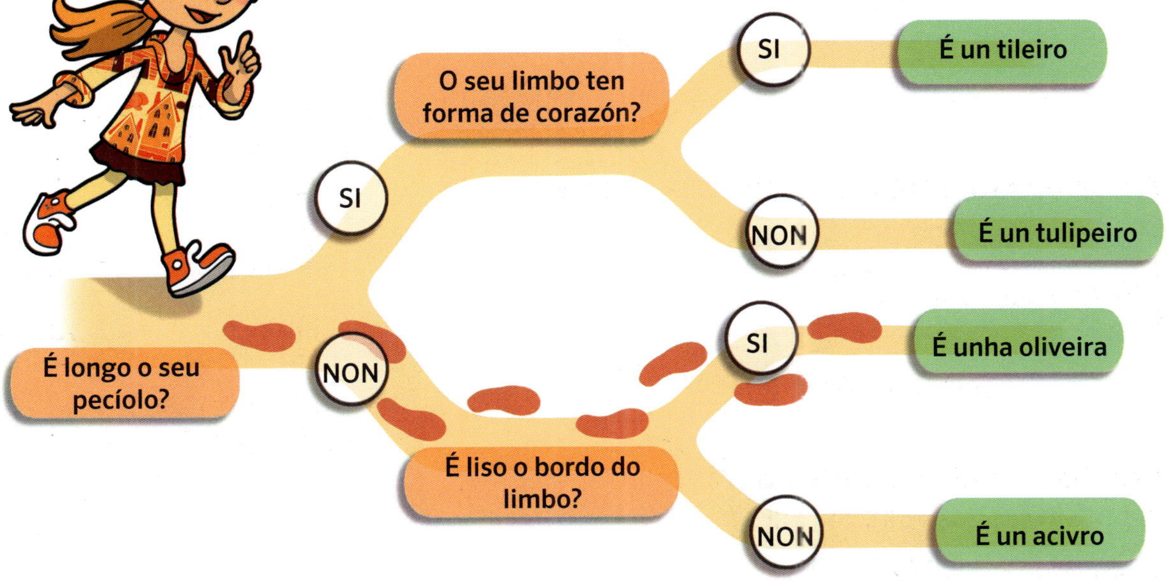

1. Segundo a clave, como será a folla do tileiro? Debúxaa no teu caderno.

2. En que outras características das plantas poderías fixarte para facer unha clave?

Tarefa final *Albóndegas de sementes*

Aprende a cultivar dunha maneira natural, fácil e económica.

PASO 1 Mesturade nun recipiente 10 partes de fertilizante, 1 parte de arxila e unha pouca auga. Engadide as sementes: podedes usar feixóns, lentellas...

PASO 2 Facede pequenas boliñas. Xa tendes as vosas albóndegas de sementes! Deixádeas secar sen que lles dea o sol directamente.

PASO 3 Cando estean duras, poñédeas no voso testo. Situádeo nun lugar luminoso e recordade regar o testo todos os días.

PASO 4 Sacádelle fotos ao voso testo todos os días. Que proceso estades observando?

smCelmedixital.com

VALORA O APRENDIDO **Como traballaches** nesta tarefa?

A túa revista

Baile de disfraces

Algunhas flores, como estas orquídeas, imitan á perfección o corpo da abella femia para atraer abellas macho que as polinicen.

Cando unha abella se pousa nunha flor, que leva pegado ao corpo?

Plantas para encantamentos e para curar

Así como as bruxas recorrían sempre ás plantas para as súas apócemas, nós usámolas para encontrarnos mellor. Por exemplo, tomamos infusións de flores de macela cando nos doe o estómago ou unha cunquiña de flores de tileiro para relaxarnos.

A macela, segundo o seu talo, que tipo de planta é?

Unha cantimplora xigantesca

Sabías que o cacto máis grande do mundo pode chegar a medir 15 metros de altura? Si, si, o cacto saguaro pode ser tan alto coma un edificio de cinco pisos. Ademais, durante a época de chuvias, este enorme cacto é capaz de absorber a auga dunha piscina olímpica! Imaxinas?

Moitos seres vivos utilizan o saguaro como o seu fogar. Un deles é esta pequena ave. Como ves, ao paxaro carpinteiro de Gila non parece molestarlle que o seu plácido fogar estea rodeado de espiñas.

Como son as follas do cacto?

Unha planta moi lambona!

As plantas carnívoras viven en solos moi pobres. Por iso, necesitan complementar a súa dieta atrapando algúns insectos. Mmmm… que rico!

Que necesitan as plantas para fabricar o seu propio alimento?

Unha de flocos de millo!

Sabías que os indios americanos xa sabían cociñar flocos de millo e que os usaban para facer colares? Os flocos fórmanse ao quentar as sementes do millo. Dentro do gran de millo hai auga que, coa calor, se converte en vapor e preme as paredes do gran ata que rebenta.

Se se quentan os grans lentamente, adquiren forma de bolboreta, pero se estalan rapidamente, parecen pequenos champiñóns.

En que parte da planta se forman as sementes?

Sementes a lume vivo

Hai plantas cuxas sementes teñen unha casca durísima. Son tan duras que só abren coas altísimas temperaturas que se producen durante un incendio.

Cando o lume se apaga, no solo non queda ningún outro ser vivo que lles faga competencia. Así poden crecer a vontade e estenderse polo terreo queimado. Verdade que é un bo truco?

Que parte da planta lle permite vivir fixada ao solo?

A flor máis grande do mundo

Chámase *rafflesia* e pode chegar a pesar 10 quilos e medir máis dun metro.

Grande si é, pero tamén cheirenta. Despide un olor horrible a materia descomposta que ás moscas e a outros insectos lles encanta.

Cantos pétalos ten?

2 Moitos reinos comparten o medio

Un fogar para todos

Un potente raio botou abaixo esta inmensa árbore. Dirías que está morta?

Xa non existe como planta, pero a vida percorre cada centímetro da súa superficie. Converteuse no fogar de innumerables seres que dependen uns doutros. Sobre ela creceron pequenas plantas, e animais como arañas, formigas e outros insectos construíron nela as súas galerías para poñer os seus ovos. Fungos de sombreiro multicolor desenvólvense entre as fendas da casca. E, sen que ninguén os vexa, miles de seres microscópicos van papando a casca morta.

Unha mostra de todos os seres da Terra nese pequeno espazo. Un mundo en miniatura!

Falamos

1. Que grupos de seres vivos se mencionan no texto?
2. Que quere dicir que un ser vivo é microscópico? Nomea un exemplo.
3. Observa a imaxe e indica os seres vivos que distingues. Relaciónaos con un dos seguintes reinos.

   plantas | animais | fungos

4. Identificas algún animal vertebrado? Escribe o seu nome.

Que importante é... preservar os ecosistemas!

En cada ecosistema vive unha gran cantidade de especies. É fundamental que a acción humana non os altere, e así asegurar o benestar dos seres vivos.

Tarefa final

Animaste a recrear un ecosistema? Ao final da unidade, terás ocasión de construír un.

1 O reino dos animais. Os invertebrados

Fíxate no crocodilo e no cangrexo. A simple vista non teñen moito en común, pero ambos pertencen ao reino dos animais. Por iso, comparten moitas características.

Características dos animais

Os animais teñen estes trazos:

- Aliméntanse doutros seres vivos.
- Case todos poden desprazarse.
- Algúns animais, como as arañas, son **ovíparos**. Outros, como os lobos, son **vivíparos**.
- O seu corpo ten unhas estruturas chamadas **órganos** que se agrupan en **aparatos** ou **sistemas** cos que levan a cabo as funcións vitais. Por exemplo, as cabras teñen órganos, como o estómago e o intestino delgado, que traballan xuntos para dixerir os alimentos.

Clasificación dos animais

Podemos clasificar os animais de moitas maneiras: segundo a súa alimentación, a súa reprodución… A forma máis habitual de agrupalos é segundo teñan ou non **esqueleto interno**. Conforme a este trazo, os animais divídense en **animais invertebrados** e **animais vertebrados**.

Os animais invertebrados

Os animais invertebrados non presentan esqueleto interno e todos son **ovíparos**, é dicir, nacen de ovos. Clasifícanse en **esponxas**, **medusas**, **vermes**, **artrópodos**, **moluscos** e mais **equinodermos**.

As medusas

Teñen o **corpo xelatinoso** e unha **boca** que pode estar rodeada de **tentáculos**.

As esponxas

Teñen o corpo con **poros** e viven **fixas** e **inmóbiles** no fondo do mar.

Os vermes

Teñen o **corpo brando** e **alongado**, xeralmente, formado por **aneis**. O nereis é un verme.

Os artrópodos

Teñen **patas articuladas** e unha **cuberta externa dura** que os protexe. Segundo o seu número de patas, divídense en:

- **Insectos**, como as bolboretas, que teñen seis patas.
- **Arácnidos**, como as arañas, que presentan oito patas.
- **Crustáceos**, como os cangrexos, que posúen dez patas.

Os equinodermos

Teñen o corpo cuberto de **placas duras**. As estrelas de mar e os ourizos de mar son equinodermos.

Os moluscos

Teñen o **corpo brando** e **musculoso**, e case todos posúen **cuncha**. O polbo e o mexillón son moluscos.

Os animais invertebrados clasifícanse en **esponxas**, **medusas**, **vermes**, **artrópodos**, **moluscos** e **equinodermos**.

smCelmedixital.com
PRACTICA Clasifica invertebrados.

Actividades

1. Que teñen en común un gato e mais unha mosca? En que se diferencian?
2. A que grupo pertence cada un destes invertebrados?

caracol | libélula | miñoca

2 O reino dos animais. Os animais vertebrados

Que pasaría se non tivésemos esqueleto interno? Non poderiamos ter un corpo moi grande, porque non habería nada que o sostivese. Pareceriamos de xelatina!

Os animais vertebrados temos un **esqueleto interno** que sostén o corpo e protexe os órganos internos. Pero, ademais, temos outras características, vamos velas!

Características dos animais vertebrados

Os vertebrados presentan estes trazos:

- Posúen un **esqueleto interno**.
- Teñen o corpo dividido en **cabeza** e **tronco**, e a maioría presentan **cola** e **extremidades**. Segundo o medio polo que se despracen, as súas extremidades poden ter forma de **patas**, **aletas** ou **ás**.
- Case todos teñen o corpo cuberto por **pelo**, por **plumas** ou por **escamas**.
- Algúns, como as ras, son **ovíparos**. Outros, como os coellos, son **vivíparos**, é dicir, **nacen do ventre de súa nai**.

O carboeiro é unha **ave**.

O esquío é un **mamífero**.

A troita é un **peixe**.

Clasificación dos animais vertebrados

Os animais vertebrados clasifícanse en cinco grupos:

- Os **mamíferos** teñen **pelo**, **dentes** e **labios**. Respiran a través de **pulmóns** e **maman** despois de nacer. A maioría son **vivíparos**. Poden ser **carnívoros**, **herbívoros** ou **omnívoros**.
- As **aves** teñen **plumas**, **peteiro** e **ás**. Todas son **ovíparas** e respiran mediante **pulmóns.** Poden ser **carnívoras**, **herbívoras** ou **omnívoras**.
- Os **réptiles** teñen o corpo cuberto de **escamas** e son **ovíparos**. Respiran a través de **pulmóns.** A maioría son **carnívoros**, aínda que algúns son **herbívoros**.
- Os **peixes** teñen **escamas** e son **ovíparos**. Respiran a través de branquias. Poden ser **carnívoros**, **herbívoros** ou **omnívoros**.
- Os **anfibios** teñen a pel **núa** e son **ovíparos**. Son os únicos vertebrados que sofren uns cambios denominados **metamorfose**. Respiran a través de pulmóns, e tamén pola pel, e son carnívoros.

Os animais vertebrados clasifícanse en **mamíferos**, **aves**, **réptiles**, **peixes** e **anfibios**.

Actividades

3. Que tipo de extremidades poden presentar os animais vertebrados? De que depende? Cita un exemplo de cada tipo.

4. A que grupo pertence este animal vertebrado? Xustifica a túa resposta.

3 Os outros reinos: algas, fungos e bacterias

Seguro que na praia viches algas, pero sabías que, aínda que se lles parecen moito, non son plantas? Así é, existen moitos seres vivos que non son nin animais nin plantas.

As algas son doutro reino

As algas fabrican o seu **propio alimento** usando a **luz solar**, igual que as plantas. Aínda que se parecen a elas, as algas son seres vivos máis **sinxelos** nos que non podemos diferenciar o talo e as raíces. Viven na auga, tanto doce como salgada.

As algas agrúpanse xunto aos protozoos, que son uns seres microscópicos, nun reino.

smCelmedixital.com
COMPRENDE En que se diferencian as algas das plantas?

O reino dos fungos

Os fungos aliméntanse de **restos doutros seres vivos**. Non se poden desprazar e **viven fixos** na terra, na madeira ou sobre restos de animais e plantas, materiais dos que se alimentan. Os fungos divídense nos **cogomelos**, os **mofos** e os **fermentos**.

Tipos de fungos

Cogomelos

Algúns **cogomelos** son comestibles, é o caso dos níscaros e os champiñóns, pero outros son velenosos e non comestibles.

Mofos

Os **mofos** viven sobre materia en descomposición e restos de seres vivos, como a froita ou o queixo estragados.

Fermentos

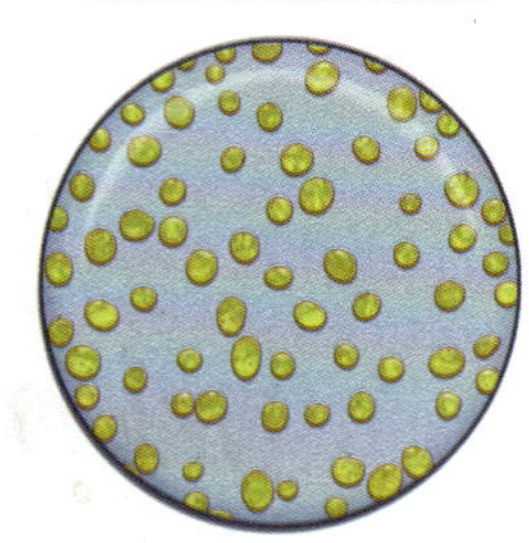

Os **fermentos** son fungos moi pequenos que non se ven a simple vista. Utilízanse na elaboración dalgúns alimentos, como o pan.

Experimenta Cultiva fungos

1. Humedece unha rebanda de pan de molde.
2. Mete a rebanda dentro da bolsa e déixaa uns días.
3. Saca a rebanda da bolsa e observa como quedou.

5 Que tipo de fungo encontramos na rebanda de pan? Xustifica a túa resposta.

O reino das bacterias

As bacterias son os seres vivos máis abundantes da Terra. Trátase de **seres vivos moi pequenos**, polo que non podemos apreciaIos a simple vista.

Están en todas as partes, no chan, no aire, na auga, dentro do noso corpo... Algunhas bacterias, incluso, poden habitar en lugares onde ningún outro ser vivo é capaz de sobrevivir, como a miles de metros baixo terra ou baixo a auga.

Certas bacterias son **beneficiosas** para a saúde, como as que transforman o leite en iogur, e outras provocan **enfermidades** como a farinxite e a pneumonía.

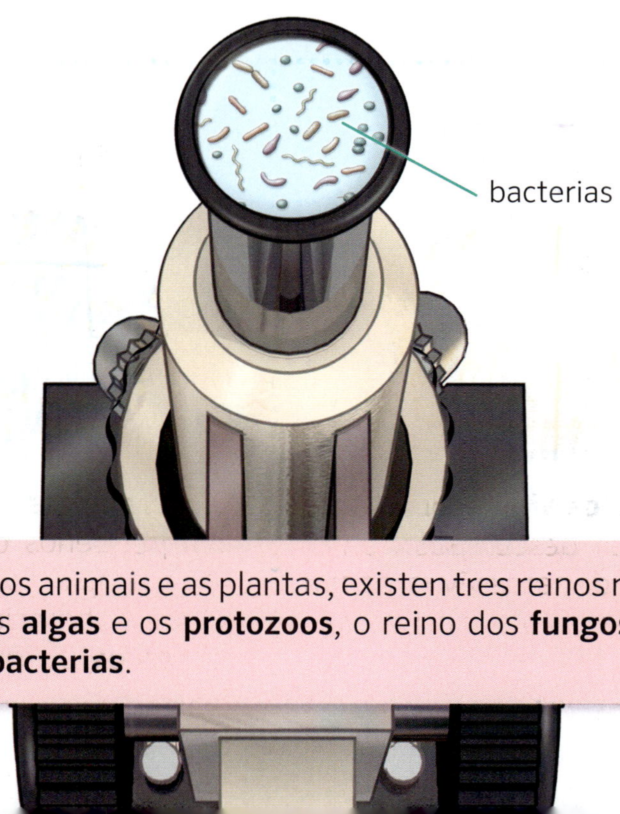

Ademais dos animais e as plantas, existen tres reinos máis: o reino das **algas** e os **protozoos**, o reino dos **fungos** e o reino das **bacterias**.

Actividades

6 En que se parecen e en que se diferencian un alga e un xunco?

7 Cales son os seres vivos máis abundantes da Terra?

8 A que reino pertence o ser vivo que se emprega para a elaboración do pan? E o que se usa para fabricar iogur?

4 Os seres vivos e o medio

Que animal non está na súa casa? Seguro que adiviñaches que é o camelo. Pero por que non hai camelos na selva?

Os camelos, igual que o resto de seres vivos, teñen unhas características que lles permiten vivir nun lugar determinado. Todos os seres vivos se relacionan entre si e co sitio onde habitan, e dependen uns doutros para sobrevivir.

Os **seres vivos**, o **medio físico** no que viven e as **relacións** que existen entre todos eles forman un **ecosistema**.

Que é o medio físico?

O **medio físico** é o conxunto de características que determinan o lugar onde viven os seres vivos. Por exemplo, a luz, o aire, a temperatura, a auga ou o tipo de solo. Así, o medio físico dun deserto está determinado pola area, as altas temperaturas, a escaseza de auga...

Os seres vivos nos ecosistemas

Nunha selva podemos atopar bolboretas, fungos, gorilas... O conxunto de seres vivos que poden reproducirse entre si e ter descendencia fértil chámase **especie**. Por exemplo, a bolboreta é unha especie e o gorila é outra especie diferente.

Os individuos dunha especie que viven nun mesmo lugar e nun tempo determinados forman unha **poboación**.

Nun mesmo medio físico poden habitar moitas poboacións de plantas e animais que necesitan unhas condicións parecidas para vivir. Forman unha **comunidade**.

Sabías que...?

Os seres vivos e o medio están en equilibrio

A máis mínima variación nos seres vivos ou no medio físico dun ecosistema pode afectar os demais seres.

Este equilibrio entre os seres vivos e o medio físico dun ecosistema coñécese como **equilibrio ecolóxico**.

Observa e comprende Do individuo á comunidade

Tipos de ecosistemas

Na Terra hai moitísimos ecosistemas. Uns son tan grandes coma un deserto, mentres que outros son moito máis pequenos, coma un tronco morto.

Os ecosistemas pódense clasificar en dous grupos: **ecosistemas acuáticos** e **ecosistemas terrestres**.

Principais ecosistemas

Ecosistemas acuáticos

Os ecosistemas acuáticos varían segundo a cantidade de **luz**, a **temperatura** e as **substancias disolvidas** na auga.

Hai dous tipos de ecosistemas acuáticos: os **ecosistemas de auga doce**, como os lagos e os ríos, e os **ecosistemas de auga salgada**, como os mares e os océanos.

Ecosistemas terrestres

Sobre a superficie da Terra encontramos multitude de ecosistemas distintos segundo a cantidade de **auga**, a **temperatura** e a cantidade de **luz**.

Son ecosistemas terrestres o **bosque**, o **deserto**, a **pradaría**, a **selva**, a **ribeira** dun río...

- Un **ecosistema** é un contorno natural formado por un conxunto de seres vivos distintos que se relacionan entre si e co medio físico que os rodea.
- Os ecosistemas poden ser **acuáticos** ou **terrestres**.

Actividades

9. Explica que é o medio físico.

10. Corrixe esta oración: *A comunidade de coellos forma parte do ecosistema da carballeira.*

5 Relacións no ecosistema

Imaxina que un oso panda estivese nunha illa deserta. Cres que podería vivir el só? Está claro que non, xa que, para sobrevivir, necesitaría plantas de bambú coas que alimentarse e auga doce que beber.

Os seres vivos dun ecosistema relaciónanse co medio físico no que habitan e tamén entre eles, pois dependen uns doutros para vivir.

Relacións entre os seres vivos

Os seres vivos dun ecosistema establecen entre si relacións de dous tipos:

- **Con individuos da súa mesma especie**, por exemplo, a relación dunha leoa cos seus cachorros, aos que alimenta e coida ata que poden sobrevivir sós.
- **Con individuos de distintas especies**. En moitos casos, son **relacións alimentarias**, é dicir, uns seres vivos serven de alimento a outros. Por exemplo, a relación entre un rato e a curuxa que se alimenta del.

Relacións alimentarias

As relacións alimentarias baséanse en que uns seres vivos se alimentan doutros. Por exemplo, as plantas serven de alimento aos animais herbívoros, e os herbívoros son, á súa vez, alimento para os animais carnívoros.

Segundo o papel que cumpran os seres vivos nesta cadea, divídense en: **produtores** e **consumidores**.

Os seres vivos que fabrican o seu propio alimento mediante a fotosíntese, como as plantas e as algas, son **organismos produtores**.

Os **organismos consumidores** son os animais, é dicir, aqueles que se alimentan doutros seres vivos. Se o animal se alimenta de plantas ou de algas é un **consumidor primario**, como o saltón. Se se alimenta doutros animais é un **consumidor secundario**, como a ra ou a cobra.

A relación que indica quen serve de alimento a quen nun ecosistema chámase **cadea alimentaria**. Represéntase mediante frechas que van do ser comido ao que o come.

smCelmedixital.com
XOGA E APRENDE Xunta seres vivos e observa que relación teñen.

Observa e comprende **As cadeas alimentarias**

▶ Os seres vivos dun ecosistema establecen **relacións alimentarias** entre eles.

▶ Segundo o seu papel no ecosistema, os seres vivos poden ser **produtores** ou **consumidores**.

Actividades

11 Pon un exemplo de relación de protección entre seres vivos.

12 Cales son os elementos dunha cadea alimentaria?

Así se constrúe a ciencia

Que utilizamos para observar os seres vivos?

PASO 1 **Fixámonos no tamaño** dos seres vivos.

PASO 2 **Eliximos o instrumento** máis adecuado para observar cada ser vivo.

Razoo

1. Ordena as seguintes imaxes segundo o tamaño dos animais que podes observar con eles.

a  b  c 

Poño en práctica

2. Indica con que instrumentos observarías os seguintes seres vivos.

cogomelo — pato — fermento — formiga — carballo

A simple vista · A · con microscopio

Organiza as túas ideas

Os ecosistemas

- están formados por
  - Medio físico
  - Seres vivos
    - clasifícanse en cinco reinos
      - Plantas
      - Animais
      - Algas
      - Fungos
      - Bacterias
  - Relacións
- clasifícanse en
  - Ecosistemas acuáticos
  - Ecosistemas terrestres

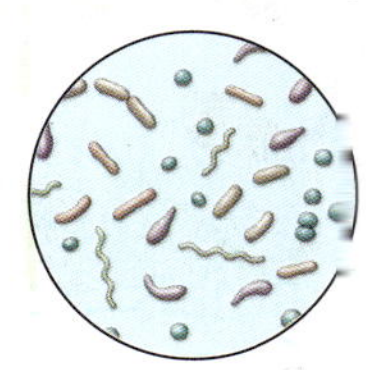

Traballa co esquema

1. Copia e completa as seguintes oracións.
   a) Os ecosistemas están formados por ●●●, ●●● e ●●●.
   b) Os seres vivos clasifícanse en cinco reinos: ●●●, ●●●, ●●●, ●●● e ●●●.

2. Observa o esquema e indica onde colocarías as seguintes palabras.

   caracol | mandas | humidade

3. Explica que tipos de relacións se poden dar nun ecosistema.

4. Engade ao esquema os grupos de animais vertebrados e de animais invertebrados que coñeces.

5. Investiga que ecosistemas hai en Galicia e engádeos no esquema.

6. En que lugar do esquema incluirías os seguintes seres vivos?

   a 

   b 

   c 

7. Cales dos seres vivos que aparecen no esquema só son visibles mediante o microscopio?

Repasa a unidade

1 Non te deixes enganar! Descubre os seres vivos que menten e escribe cal debería dicir cada oración.

2 Sae do labirinto seguindo o camiño dos animais invertebrados. A que grupo pertence cada un dos animais polos que pasaches?

3 Descubre o intruso que se coou en cada grupo e razoa a túa resposta.

tigre-rato-balea-ra-antílope
cogomelo-abeto-fungo-fermento do pan

4 Elixe no teu caderno as opcións que describan correctamente este ser vivo. A que grupo pertence?

- É ovíparo.
- Fabrica o seu propio alimento.
- A súa pel está cuberta de escamas.
- Ten esqueleto interno.

5 Conta as patas dos artrópodos e clasifícaos nesta táboa.

Insectos	Arácnidos	Crustáceos
●●●	●●●	●●●

6 Que tipo de relación representa a imaxe?

7 Na zona da charca de "A cobreguiña" conviven sapos, herbas, escaravellos e garzas. Completa no teu caderno esta cadea alimentaria con estes seres vivos.

herbas → ●●● → ●●● → ●●●

Que ocorrería se un incendio arrasase todas as herbas?

smCelmedixital.com
VALORA O APRENDIDO Comproba o que sabes na **autoavaliación.**

Ponte a proba

Respectamos os seres vivos

Clara está visitando un parque nacional, que é unha zona onde os seres vivos e o medio no que habitan están protexidos dunha forma especial.

1. Se Clara segue o itinerario marcado polos números, que poboación atopará en cada punto? Indica cal é o reino ao que pertence cada unha e escribe dous exemplos máis de seres vivos de cada reino.
2. Que tipos de ecosistemas vai observar no seu percorrido? Explica a túa resposta.
3. Que recomendacións para o coidado dos seres vivos irías no cartel?

Tarefa final **Un ecosistema nunha caixa**

Nesta unidade viches os elementos que forman un ecosistema. Agora tócache a ti crear un ecosistema coas túas propias mans. Estás preparado?

PASO 1 En grupos, elixide un ecosistema, como o deserto ou a selva, e buscade información sobre os seus compoñentes.

PASO 2 Recortade fotografías dos seres vivos dese ecosistema e pegade detrás delas un escarvadentes para suxeitalas. Tamén podedes modelar figuras con plastilina.

PASO 3 Creade o medio físico nunha caixa de cartón. Esparexede terra, pedras e, se queredes representar un lago ou un río, enterrade unha cunca con auga.

PASO 4 Por último, colocade na caixa de cartón as figuras dos seres vivos que forman a comunidade do ecosistema elixido.

smCelmedixital.com
VALORA O APRENDIDO **Como traballaches** nesta tarefa?

A túa revista

Seres vivos... en todas as partes!

Case podería dicirse que non hai recuncho do planeta onde non haxa seres vivos. Atopámolos en ardentes desertos con temperaturas altísimas, en rexións xeadas a moitos graos baixo cero e a miles de metros baixo terra. Ata nos géyseres, chafarices de auga fervendo que saen do solo, se poden descubrir bacterias.

Que caracteriza o medio físico?

Seres vivos un pouco marráns

Hai un grupo de fungos que, aínda que che pareza mentira, elixen para vivir un lugar algo noxento: as bostas de vaca!

Os fungos, fabrican o seu propio alimento ou aliméntanse de restos doutros seres vivos?

Dous reinos nun organismo

Os liques son seres vivos que están formados por representantes do reino das algas e do reino dos fungos. Mira que chulos!

Están considerados entre os seres vivos mellor adaptados ao planeta, pois poden vivir tanto nas zonas xeadas como nas máis cálidas. Con dous reinos, así calquera!

Que vantaxes lle ofrece ao lique cada reino?

Un traxe de bacterias

Aínda que non as vexas, están aí: na nosa pel, no noso intestino, no noso pelo… Envólvennos, tanto por dentro como por fóra, como un fino traxe que se adapta perfectamente ao noso contorno.

Son exércitos de bacterias beneficiosas sen as que non poderiamos vivir.

Axúdannos a dixerir os alimentos e fanlles a guerra a outros microbios para que non nos poñamos enfermos.

Todas as bacterias son beneficiosas?

Amigos no ecosistema

Observa a imaxe: paréceche que a formiga ataca os pulgóns? Pois non, ocorre todo o contrario!

O pulgón segrega un líquido azucrado que á formiga lle encanta. Para que o pulgón faga este líquido máis doce, a formiga acaríciao coas súas antenas.

A cambio desta "sobremesa", a formiga protexe o pulgón. Móveo ata as follas frescas cando as follas secan. Se chove, a formiga corre para resgardalo e pono debaixo das follas. E que a ningunha xoaniña se lle ocorra intentar comelo… vaia malleira recibe!

Trátase dunha relación entre individuos da mesma especie ou de distinta especie?

Comproba o que aprendiches

Test

Lembras todo o que aprendiches durante este trimestre? Compróbao neste test.

1. En que se parecen estes dous seres vivos?

A. Fabrican o seu propio alimento.
B. Non se desprazan.
C. Reprodúcense por sementes.

2. Que problemas terá unha planta á que unha eiruga lle comeu as follas?

A. Non poderá fixarse ao solo.
B. Non poderá fabricar o seu alimento.
C. Non poderá sosterse.

3. Que partes presenta esta flor?

A. 6 pétalos, 1 estame e 1 pistilo.
B. 6 pétalos, 1 estame e 6 pistilos.
C. 6 pétalos, 6 estames e 1 pistilo.

4. Que invertebrados ves na imaxe?

A. Moluscos, equinodermos e vermes.
B. Moluscos, artrópodos e medusas.
C. Artrópodos, esponxas e medusas.

5. Que pode ocorrer en Serra Morena se desaparecen os coellos dos que se alimenta o lince?

A. Non ocorrerá nada no ecosistema.
B. Os linces morrerán por non ter alimento.
C. Aumentará o número de linces.

6. Na cadea alimentaria da imaxe...

A. a planta e mais o saltón son seres vivos produtores.
B. o saltón e mais a ra son seres vivos consumidores.
C. non hai ningún ser vivo produtor.

smCelmedixital.com REPASA

Coñecemos e coidamos os seres vivos

Xiana e os seus amigos decidiron adoptar distintos seres vivos como mascotas e cóntannos como coidan delas.

1. Indica a que reinos pertencen as mascotas de Xiana e os seus amigos.
2. Axuda a Iván. Cres que lle ten que dar de comer á súa planta? Explícao.
3. En que grupo de plantas clasificarías o bonsai de Iván?
4. Que outros tipos de seres vivos pertencen ao mesmo reino ca o kéfir de Eva?
5. Que teñen en común as mascotas de Xiana, Iria e Roque? En que se diferencian?
6. Que outros seres vivos, ademais da mascota de Eva, fabrican iogur? Indica a que reino pertencen.
7. Que tipo de consumidor é o caracol de Iria? E a ra de Roque? Razoa a túa resposta.

O campo, o noso gran supermercado

PROXECTO TRIMESTRAL
Descubrimos a natureza

Cultivos moi naturais

Grazas á agricultura, cultivamos plantas para a alimentación dos seres humanos e mais dos animais. Por iso, debemos coidar estas plantas e poñelas a salvo doutros seres vivos que as atacan, como son algúns invertebrados, algúns fungos e certos mofos.

1 Compara estas imaxes e contesta as preguntas.

a) Que plantas están sas? Cales non? Di en que te baseas.

b) O mofo gris é un ser vivo que ataca principalmente as froitas e verduras. Caracterízase por cubrir a planta dunha peluxe agrisada. Que plantas das fotografías están infectadas por mofo gris? A que reino pertence o mofo gris?

c) Unha das follas foi comida por un invertebrado, sabes cal é? A que reino pertencen os invertebrados?

2 Imaxina que tes unha horta infestada de pulgóns. Le nos seguintes folletos dous posibles métodos para eliminar a praga e responde as preguntas.

Na época da primavera, as xoaniñas rexorden cunha fame voraz, o que é un perigo para os destrutivos pulgóns das nosas hortas e xardíns. Calcúlase que poden comer 5.000 pulgóns en toda a súa vida. Ademais, tamén se alimentan de ovos doutros insectos daniños, como a mosca branca e a couza. Para atraer as xoaniñas aos nosos cultivos, basta con poñer plantas que a elas lles gustan, como a alfalfa, as cenorias, as caléndulas e o coandro. Este método é respectuoso co medio ambiente.

Os insecticidas químicos son produtos de laboratorio que actúan moi rapidamente contra as pragas dos nosos campos. Hai moitos tipos e, entre eles, hai algúns específicos contra os pulgóns. O maior problema destes insecticidas é a súa capacidade de contaminar o medio ambiente a través do aire, a terra e a auga. Ademais, resultan daniños para os peixes e as aves. Tamén está exposto aos seus efectos o ser humano, que pode sufrir dores de cabeza, envelenamentos e problemas de crecemento.

a) Compara os datos dos dous métodos. Copia e completa no teu caderno unha ficha como a seguinte.

	 XOANIÑAS	 INSECTICIDA QUÍMICO
ORIXE ANIMAL	●●●	●●●
DANIÑO PARA O SER HUMANO	●●●	●●●
CONTAMINANTE	●●●	●●●
RÁPIDO	●●●	●●●

b) Que método elixirías para eliminar os pulgóns da túa horta? Explícalles aos teus compañeiros por que tomaches esa decisión.

3 A relación e a saúde

Gozar grazas aos sentidos

É xenial ir ao baloncesto coa túa familia e os teus amigos para ver un partido. Oír o son dos aplausos cada vez que meten unha canastra, saborear un bocadillo e saciar a sede cunha botella de auga fresquiña, comodamente sentado. Verdade que si?

Este momento de gozo é posible grazas a que as persoas temos uns detectores moi útiles, que son os sentidos. Os sentidos infórmannos continuamente de todo o que ocorre ao noso redor.

Falamos

1. Observa a imaxe. Ves representada algunha función vital? Explícao no teu caderno.
2. Con que función vital están relacionados os cinco sentidos?
   A. Nutrición
   B. Relación
   C. Reprodución
3. Fíxate nas persoas que están na bancada e indica en que etapa da vida se encontran. Xustifica a túa resposta.
4. Relaciona cada sensación co sentido que achegou esa información.

Asento liso •	• Oído
Sabor do bocadillo •	• Tacto
Aplausos •	• Gusto

Que importante é... identificar as emocións!

Percibir o que senten os outros e poñernos no seu lugar permítenos entender mellor as súas reaccións, e fai que se sintan comprendidos por nós.

Tarefa final

Apúntaste a un labor detectivesco? Descubre que emocións senten os demais.

1 A función de relación

A Silvia non lle fai falta abrir os ollos para saber que o seu pai lle preparou o seu prato favorito. Ao seu nariz chega o olor da sopa que tanto lle gusta. Que rica!

Continuamente estamos recibindo información do mundo que nos rodea, e percibímola a través dos sentidos.

Relacionámonos

A **función de relación** permítenos **percibir estímulos** sobre aquilo que ocorre ao noso redor e **elaborar respostas**. Na función de relación interveñen:

- Os **órganos dos sentidos**, que reciben a información do exterior. Por exemplo, os ollos e o nariz.
- O **sistema nervioso**, que recolle a información e elabora respostas. O cerebro é un órgano do sistema nervioso.
- O **aparato locomotor**, que nos permite executar as respostas que elabora o sistema nervioso. Os ósos e os músculos pertencen ao aparato locomotor.

Os órganos dos sentidos

Os órganos dos sentidos son como as nosas fiestras ao mundo exterior. A través deles, captamos os estímulos que nos chegan do medio e enviamos mensaxes ao cerebro.

O ser humano ten cinco sentidos: a **vista**, o **oído**, o **olfacto**, o **gusto** e o **tacto**.

A vista

A **vista** infórmanos da cor, a forma e o tamaño das cousas. Os **ollos** son os órganos do sentido da vista. Están formados polo **globo ocular** e os **órganos que os protexen**, que son as **pálpebras**, as **cellas**, as **pestanas** e as **glándulas lacrimais**.

O globo ocular está formado por:

- O **iris**: é o círculo de cor que está na zona dianteira do globo ocular. Pode ser castaño, verde ou azul.
- A **pupila**: é a abertura por onde entra a luz ao interior do globo ocular.
- A **retina**: é unha capa que recobre o interior do globo ocular e recibe a información. O nervio óptico manda esa información ao cerebro.

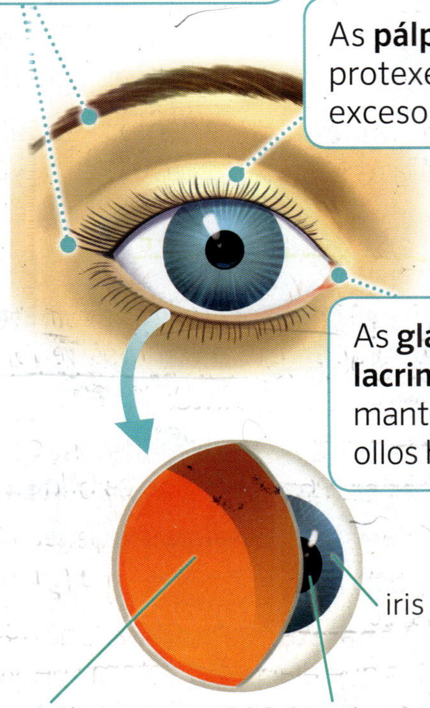

O oído

Captamos os sons a través do sentido do **oído**. O órgano deste sentido chámase tamén **oído** e ten tres partes: **oído externo**, **oído medio** e **oído interno**.

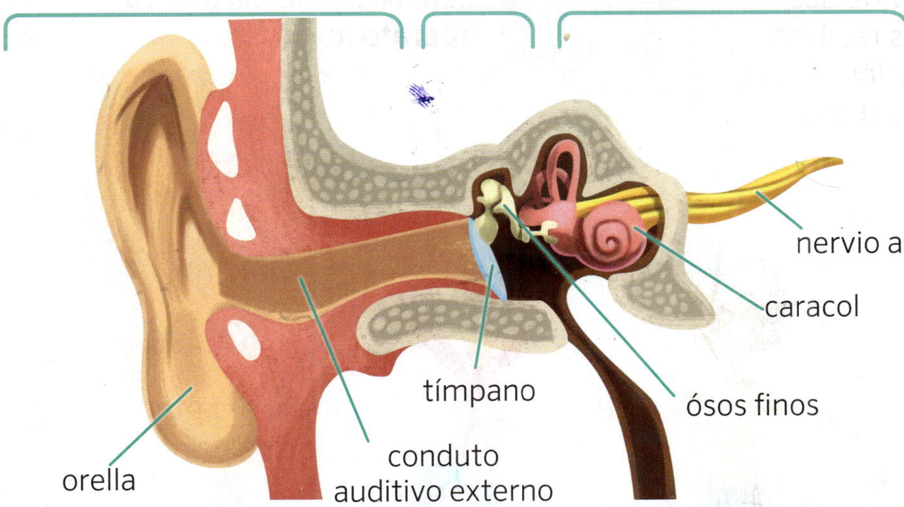

Os sons entran pola **orella**, pasan polo **conduto auditivo** e chocan co **tímpano**, que empeza a vibrar. As vibracións transmítense á **cadea de ósos finos** e chegan ata o **caracol**. Desde o caracol, os sinais viaxan polo **nervio auditivo** ata o cerebro.

- A función de **relación** consiste en **percibir estímulos** e **elaborar** e **executar respostas**.
- Os **órganos dos sentidos**, o **sistema nervioso** e o **aparato locomotor** interveñen na función de relación.

Actividades

1. Imaxina que estás nunha treboada. Con que sentidos a percibes? Cal sería a túa resposta?
2. Localiza os erros e corrixe o enunciado.

A orella forma parte do oído medio. A través del captamos os sons.

2 O olfacto, o gusto e o tacto

Cres que é maxia? A variña do mago non ten nada que ver. Non só recibimos información a través da vista e o oído. O olfacto, o gusto e o tacto infórmannos sobre os olores, sabores e texturas do mundo que nos rodea.

Todas estas sensacións recibímolas a través do **olfacto**, do **gusto** e do **tacto**.

O olfacto

O sentido do **olfacto** permítenos apreciar o olor das cousas. O órgano do olfacto é o **nariz**.

Cando respiramos, o aire entra e sae polas dúas aberturas do nariz chamadas **orificios nasais**. Estes orificios comunícanse coas **fosas nasais**, que son dúas cavidades separadas polo **tabique nasal**.

Nas fosas nasais atópase a **pituitaria**, que nos permite distinguir os olores e envía a información ao cerebro.

O gusto

Mediante o sentido do **gusto** percibimos o sabor das cousas. O órgano do gusto é a **lingua**.

Na lingua temos uns vultiños chamados **papilas gustativas**. Estas papilas permítennos diferenciar os catro sabores básicos: **doce**, **salgado**, **ácido** e **amargo**.

Para que os alimentos teñan sabor, é necesario que as substancias se disolvan na saliva. Así poden ser detectadas polas papilas gustativas, que envían a información ao cerebro.

Sabías que...?

O olfacto e o gusto son necesarios para que a comida teña sabor

O gusto e o olfacto están moi relacionados. Cando temos comida na boca, saboreámola e ulímola ao mesmo tempo, porque a boca e o nariz están conectados.

Por iso, cando estamos arrefriados e temos o nariz taponado, a comida non nos sabe a nada.

Observa e comprende O olfacto e o gusto

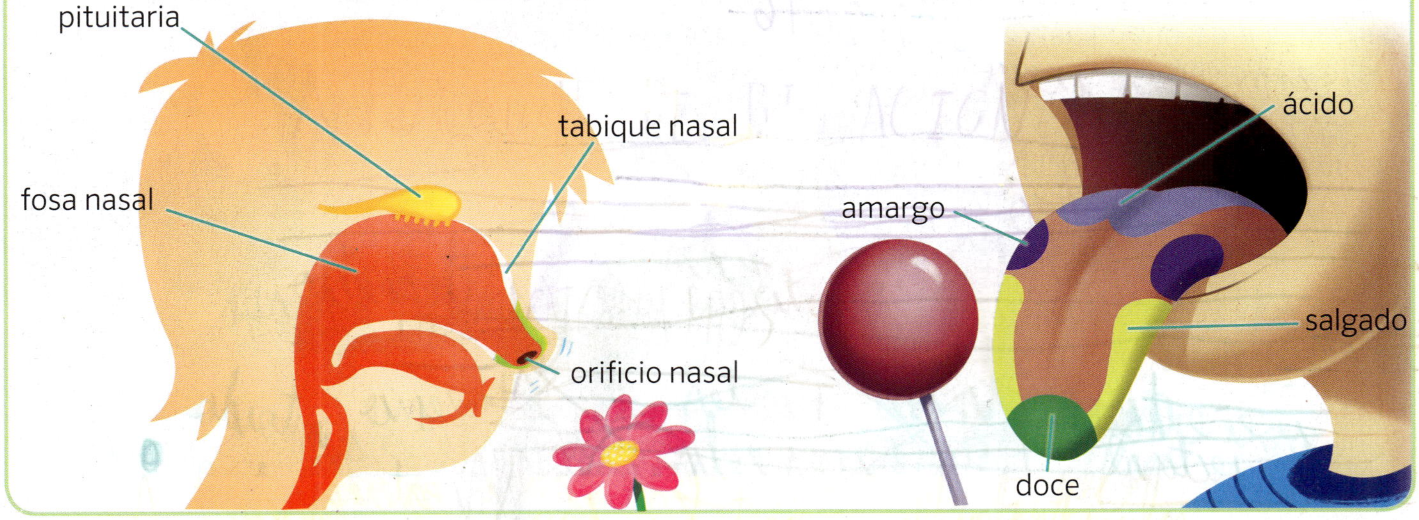

O tacto

O sentido do **tacto** permítenos apreciar o frío e a calor, a dor, se os obxectos son suaves ou ásperos, lisos ou rugosos..., recibir esta información e enviala ao cerebro. O órgano do tacto é a **pel**.

A pel está formada por varias capas e vaise renovando constantemente. Cobre e protexe todo o noso corpo, desde a cabeza aos pés. Ten distintas características segundo a zona onde se encontre, por exemplo, nos pés a pel é moito máis dura e grosa ca nos labios.

smCelmedixital.com
PRACTICA Repasa os sabores.

- Mediante o sentido do **olfacto** captamos os olores.
- Co sentido do **gusto** captamos os sabores.
- O sentido do **tacto** permítenos percibir se algo é liso ou rugoso, se está frío ou quente...

Actividades

3 Que sentidos aparecen representados en cada imaxe?

a

b

4 A que órgano e a que sentido pertencen estas partes?

a) Pituitaria

b) Orificios nasais

c) Fosas nasais

5 Por que é necesaria a saliva para que os alimentos teñan sabor?

3 O sistema nervioso

Pensaches algunha vez no ben que funciona o teu corpo? Respiras, o teu corazón latexa, decides comer se tes fame... Isto é posible porque temos un "centro de control" a onde chegan mensaxes e de onde saen ordes que dirixen todas as accións que realiza o corpo.

Este centro de control é o **sistema nervioso** e, grazas a el, temos **memoria**, **intelixencia**, **sentimentos** e **emocións.**

Como é o sistema nervioso?

As partes principais do sistema nervioso son o **cerebro** e os **nervios**.

- O **cerebro** atópase no cranio. Recibe a información que lle envían os sentidos e elabora ordes para que o corpo responda correctamente.
- Os **nervios** son uns filamentos que se ramifican por todo o corpo. Son os encargados de transmitir a información desde os órganos dos sentidos ao cerebro e desde o cerebro a todos os órganos do corpo.

Observa os nervios que mandan información dos órganos dos sentidos ao cerebro.

Funcionamento do sistema nervioso

Fíxate nos pasos que se suceden para que Alexandre lle poña comida ao seu gato Peluso.

Co órgano do sentido do oído, Alexandre capta os miaños do seu gato Peluso.

Desde o oído e polo nervio auditivo, envíase ao cerebro a información do son.

O cerebro recoñece que son miaños de fame e dá a orde: hai que darlle de comer a Peluso.

O aparato locomotor executa a orde e Alexandre móvese para coller a comida e darlla a Peluso.

Tipos de movementos

Cando recibimos un estímulo, o noso cerebro emite unha **resposta** e esta tradúcese nun **movemento** que leva a cabo o aparato locomotor.

Existen dous tipos de movementos: os **movementos voluntarios** e os **movementos involuntarios**.

- Os **movementos voluntarios** son movementos **lentos** que facemos de maneira **voluntaria**. Por exemplo, cando collemos o bolígrafo para escribir unha carta.
- Os **movementos involuntarios** son movementos moi **rápidos** que facemos de maneira **automática**. Por exemplo, cando retiramos a man ao tocar unha cunca moi quente.

▶ Os **nervios** levan a información ao **cerebro**, que elabora unha **resposta**.

▶ O **aparato locomotor** pode desenvolver **movementos voluntarios** e **movementos involuntarios**.

smCelmedixital.com
PRACTICA Descubre como funciona o sistema nervioso.

Actividades

6 Explica cal é a función dos nervios.

7 Indica se son movementos voluntarios. Explica por que.

- saltar do susto
- chamar á porta
- coller un balón

4 O sistema locomotor

O árbitro pita e tiras a falta. Isto débese a que o teu aparato locomotor recibiu do cerebro a orde de xutar o máis forte posible para meter un gol.

Os músculos e os ósos forman o **aparato locomotor**.

O esqueleto

O esqueleto está formado polo conxunto de **ósos** do noso corpo. Os ósos son duros, resistentes e ríxidos. Isto permite que o esqueleto protexa os órganos internos e lle dea forma ao noso corpo.

Nas **articulacións,** como o xeonllo ou o cóbado, os ósos atópanse conectados uns con outros mediante os **ligamentos**. As articulacións permiten que poidamos movernos. Proba a peitearte sen dobrar o cóbado. Verdade que é difícil?

smCelmedixital.com
XOGA E PRACTICA Axuda á momia.

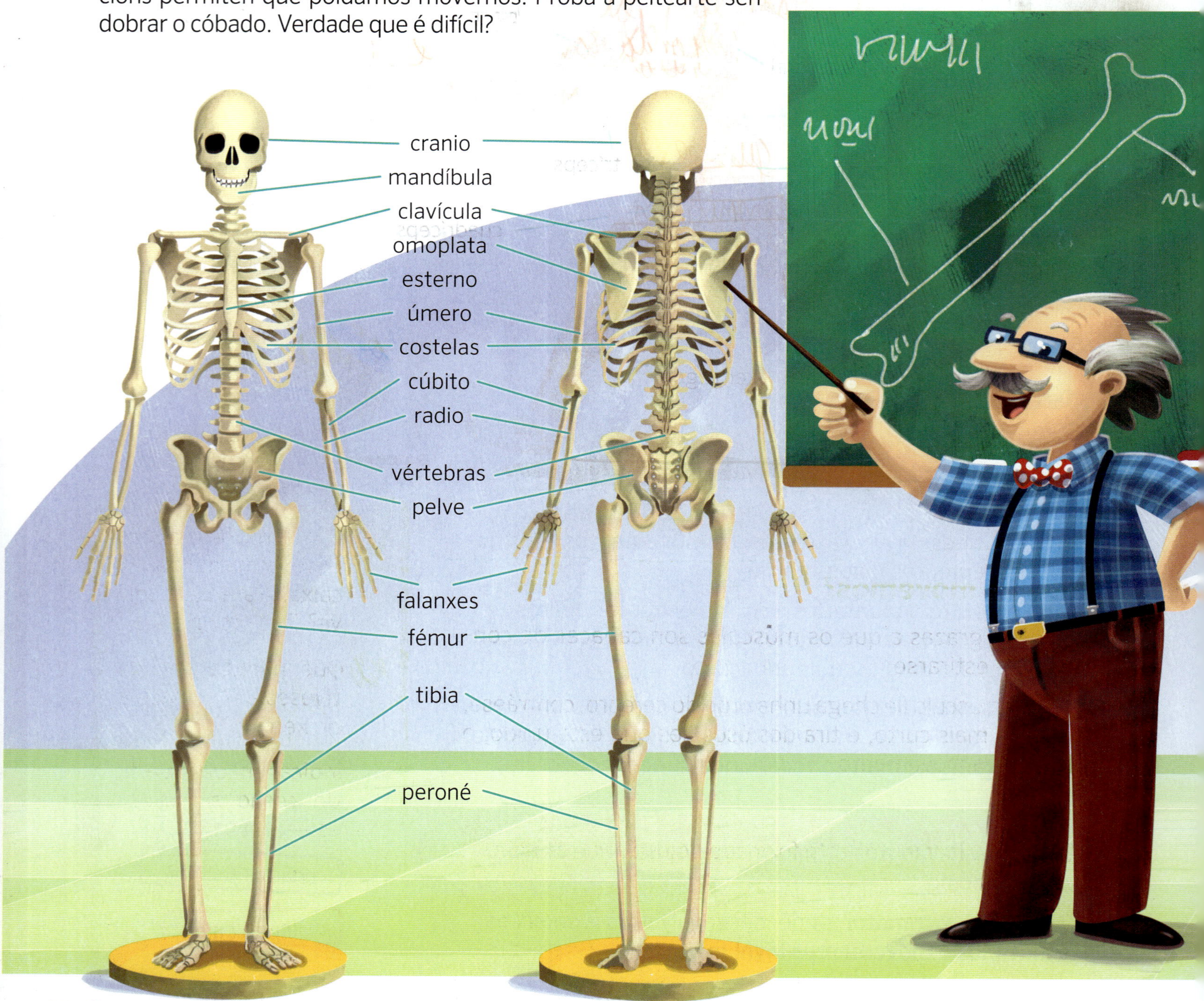

A musculatura

A musculatura está formada polo conxunto de **músculos** do noso corpo. Os músculos son as pezas brandas e flexibles do aparato locomotor.

Os músculos únense aos ósos por medio dos **tendóns.**

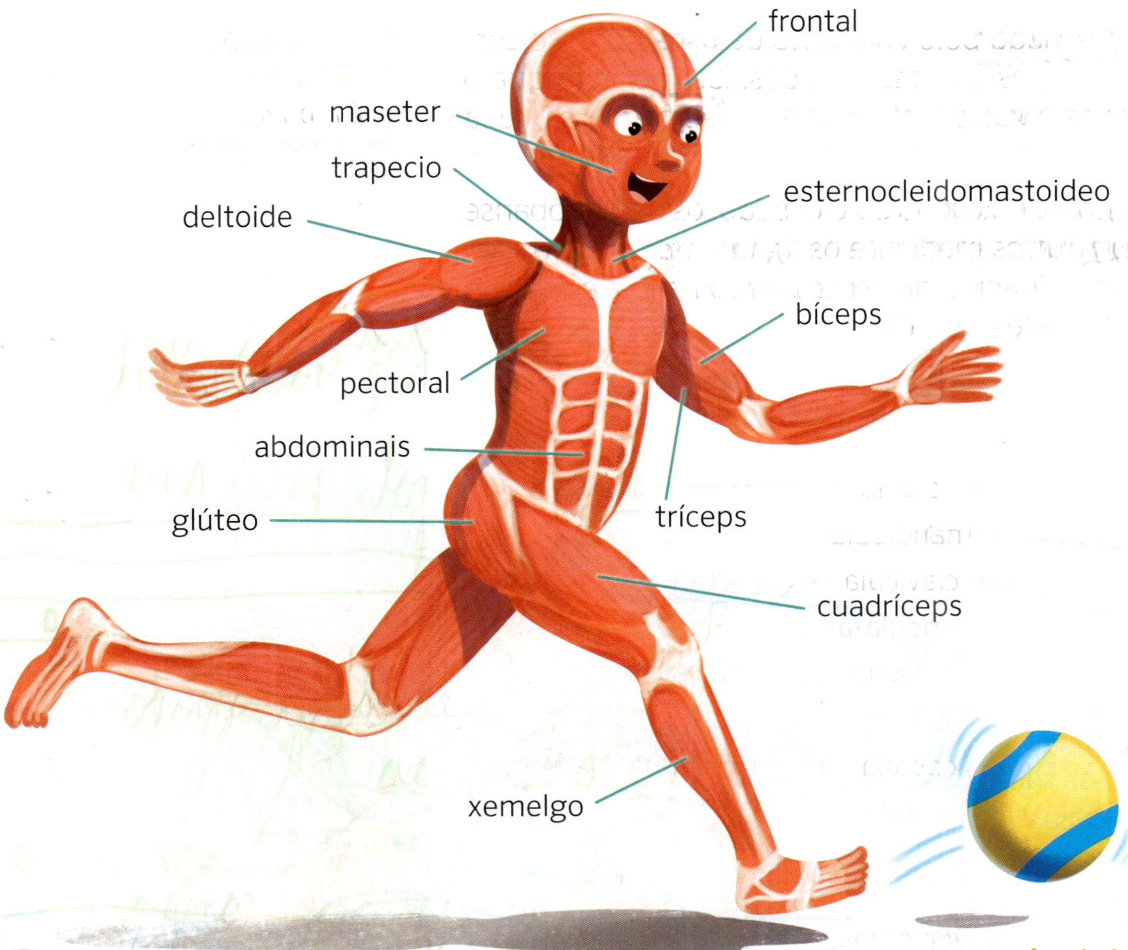

Como nos movemos?

Movémonos grazas a que os músculos son capaces de contraerse e de estirarse.

Cando a un músculo lle chega unha orde do cerebro, contráese, é dicir, faise máis curto, e tira dos ósos aos que está unido, o que produce o movemento.

- O **aparato locomotor** está formado polos **ósos** e os **músculos**.
- O aparato locomotor é o encargado de **executar as ordes** que lle chegan do cerebro e de producir un **movemento**.

Actividades

8 O esterno e mais as costelas forman unha caixa. Para que serve? Que protexe?

9 Que pasaría se non tiveses a articulación do xeonllo?

10 Indica en que parte do corpo se sitúan estes músculos.

xemelgo | tríceps | frontal | pectoral

5 A relación e a saúde

Imaxinas o desastre que sería se os sentidos enviasen ao cerebro mensaxes equivocadas? Ou se o cerebro empezase a dar ordes sen sentido?

Se isto ocorrese, pode que non cheirásemos o filete que se está queimando ou que os condutores non distinguisen entre o semáforo en vermello ou en verde... En fin, sería unha lea!

Por iso, é moi importante manter en perfecto estado todos os órganos que interveñen na función de relación.

Coidamos a nosa función de relación

Hai moitas medidas que podemos tomar para o coidado dos órganos dos sentidos, do sistema nervioso e do aparato locomotor.

Medidas de prevención

COIDAR OS SENTIDOS

- Evitar ruídos fortes e non introducir nada no oído.
- Ler con boa iluminación e non mirar directamente ao sol. Non estar moito tempo fronte a pantallas iluminadas.
- Manter ben limpo o nariz e asoarse suavemente.
- Cepillar os dentes despois de cada comida.
- Ducharse con frecuencia e protexer a pel dos raios do sol con cremas solares.

COIDAR O APARATO LOCOMOTOR

- Realizar exercicio físico.
- Quentar os músculos antes de facer exercicio físico.
- Ser prudente nas nosas accións para evitar caídas e accidentes.
- Alimentarse correctamente.
- Manter posturas correctas, e sentar e andar coas costas rectas.

COIDAR O SISTEMA NERVIOSO

- Durmir polo menos nove horas ao día.
- Non abusar da televisión, o ordenador, o móbil ou as consolas.
- Non consumir substancias nocivas, como o alcohol e as drogas.
- Dedicar tempo a relacionarse cos amigos e a familia.

Alteracións na función de relación

Se non seguimos as medidas de prevención comentadas, podemos sufrir trastornos.

Algunhas das alteracións máis comúns que podemos sufrir son as seguintes:

- Estar moitas horas diante do ordenador ou xogando coa consola pode irritarnos os ollos, producirnos dor de cabeza e illarnos dos nosos amigos.
- Escoitar música cun volume alto pode danar os nosos oídos e producirnos dor de cabeza.
- Introducir algo nos nosos oídos ou tocar os ollos coas mans sucias pode facer que collamos infeccións, como a otite e a conxuntivite.
- Non cepillar os dentes despois de cada comida pode facer que as nosas enxivas e dentes enfermen.
- Durmir pouco fará que os nosos músculos, ósos e cerebro non descansen o suficiente e non se recuperen.
- Ter posturas incorrectas fará que nos doan as costas e pode chegar a deformarnos a columna.

Os hábitos saudables axúdannos a previr alteracións e mais enfermidades no noso corpo.

Sabías que...?

Os primeiros auxilios axúdannos a coidar a nosa pel

Cando fagas unha ferida, lava as mans con auga e xabón e bota abundante auga nela. A continuación, quita a sucidade desde o centro da ferida cara á zona da pel sa.

Por último, desinfecta a ferida e cúbrea cunha gasa ou un apósito.

Actividades

11 Observa as imaxes. Cales delas che parecen posturas incorrectas? Razóao.

a

b

c

12 Que parte do esqueleto pode deformarse se temos posturas inadecuadas? Explica a túa resposta.

13 Describe tres accións que favorezan o coidado dos órganos dos sentidos.

14 Explica dous exemplos de malos hábitos que poden alterar o sistema nervioso.

15 Fíxate no que fai Virxinia despois de cear. Cres que actúa correctamente? Xustifícao.

Así se constrúe a ciencia

Representamos resultados

En ciencia hai que ser moi ordenados e anotar todos os datos que obtemos. Imos inventar un código para representar os resultados dun experimento sobre o sentido do tacto.

PASO 1 **Preguntámonos que queremos pescudar** co noso experimento e como imos facelo. Por exemplo, o tacto funciona por igual en todas as zonas da pel? Para iso tocaremos un compañeiro en distintas partes do corpo coa punta de dous lapis, mentres ten os ollos cerrados.

PASO 2 **Inventamos un código de signos** que empregaremos nun esquema. Neste experimento usaremos como esquema un debuxo do corpo humano.

PASO 3 **Anotamos con orde os resultados** no esquema usando o código de signos.

PASO 4 **Analizamos** o esquema cos resultados.

Razoo

1. Por que cres que hai máis sensores do tacto nos dedos das mans ca nas costas?

Poño en práctica

2. Repite o experimento. Inventa outros códigos e esquemas diferentes para representar os resultados obtidos.

Organiza as túas ideas

A función de relación

nela interveñen:

- **Sentidos** — envían información ao Sistema nervioso
  - son:
    - Vista
    - Oído
    - Olfacto
    - Gusto
    - Tacto
- **Sistema nervioso** — envía ordes ao Aparato locomotor
  - formado por:
    - Cerebro
    - Nervios
- **Aparato locomotor**
  - formado por:
    - Esqueleto
    - Musculatura

Traballa co esquema

1. Copia o esquema no teu caderno e engade o nome dos órganos de cada un dos sentidos.

2. Copia e completa o texto que aparece a continuación. Despois, engade as palabras no teu esquema.

   > O noso cerebro emite ●●● que van acompañadas dun movemento. Este movemento pode ser de dous tipos: ●●●, se o facemos de forma automática, ou ●●●.

3. Fíxate na imaxe da floraría. Que sentidos aparecen representados? Razoa a túa resposta.

4. Coloca no teu esquema as seguintes palabras, segundo se trate dun óso ou dun músculo.

   fémur · deltoide · trapecio · tibia · úmero · clavícula · cuadríceps

5. En que lugares do esquema incluirías estas imaxes?

Repasa a unidade

1 Debuxa un ollo visto de fronte co iris verde e coas partes que o protexen. Sinala o nome e a función de cada unha.

2 Que sentidos se utilizan principalmente nas seguintes situacións?

a

b

c

d

3 Eva fixo o seguinte crebacabezas. A súa nai di que hai un fallo nas partes do oído. Detectas onde está o problema?

4 Selecciona as oracións falsas e escríbeas de forma correcta.

A. Os nervios elaboran as ordes para que o corpo responda.

B. Dicir adeus coa man é un movemento involuntario.

C. O cerebro e os músculos forman o aparato locomotor.

5 Descubre o nome de dez partes dos órganos dos sentidos. Despois, escribe a que sentido pertence cada unha delas.

6 Como se chaman as partes que unen os músculos aos ósos?

7 Xián rompeu a tibia, Sabela o úmero e Iria, o fémur. Que radiografía corresponde a cada un?

a
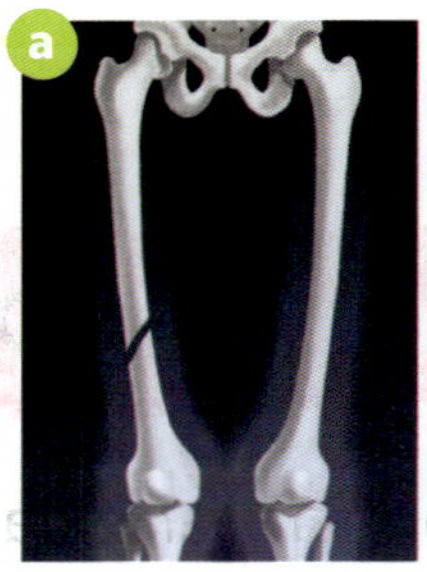

b
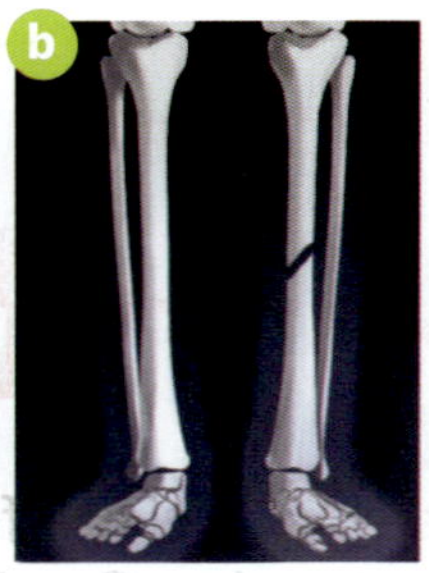

c
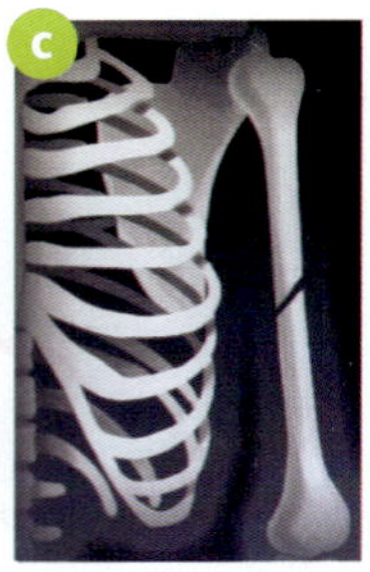

8 Copia estes movementos no teu caderno e escribe V se se trata dun movemento voluntario e I se é involuntario.

- Saltar á corda
- Pestanexar
- Respirar

9 Entre as seguintes medidas de prevención, elixe as que coidan o aparato locomotor.

non abusar das consolas

cepillar os dentes

facer deporte

sentar coas costas rectas

smCelmedixital.com

VALORA O APRENDIDO Comproba o que sabes na **autoavaliación.**

Ponte a proba

Para evitar lesións

1. Escribe en orde as letras do encerado que se corresponden coa sucesión de estarricamentos que dixo a profesora.

2. Entre estes catro estarricamentos, cales son mellores para prepararse para unha carreira? Explica por que.

Tarefa final **Detectives de emocións**

As nosas emocións forman parte da relación. Os músculos da cara e do corpo expresan medo, alegría... Se observamos os demais, poderemos coñecer o que senten.

PASO 1 En grupos, elixide cinco emocións e dúas causas que poidan provocalas.

PASO 2 Facede unha tarxeta con cada unha, como as que podedes ver á dereita.

ABURRIDO Ordenar o cuarto	ALEGRÍA Mañá é o meu aniversario

PASO 3 Mesturade as tarxetas. Cada un ten que coller unha ao azar e representar a emoción para que os demais adiviñen de cal se trata.

PASO 4 Poñédevos de acordo en como habería que pensar para converter as emocións negativas en emocións positivas. Por exemplo:

ABURRIDO Ordenar o cuarto	→	SATISFACCIÓN Co cuarto ordenado, encontro todos os xoguetes

smCelmedixital.com

VALORA O APRENDIDO **Como traballaches** nesta tarefa?

A túa revista

Apetécenche estes pasteis?

Fixácheste algunha vez en que case non hai alimentos de cor azul?

Se a comida ten un aspecto raro, como o dos doces da fotografía, o noso cerebro rexéitaa, e non porque sexa melindroso. En realidade, temos un cerebro do máis listo e precavido, pois sabe que, cando a comida ten ese aspecto, pode ser que estea apodrecendo e que esa cor se deba aos mofos e bacterias que a invaden.

Que sentido envía sinais ao cerebro sobre a cor dos doces?

Sorrí, que custa menos!

Sabías que para sorrir usamos só 17 músculos, mentres que para cargar a cella utilizamos 43?

Así que, xa sabes, a sorrir, que é máis fácil...

Nomea algún músculo da cara.

O mundo a través das papilas

Un bebé ten moitas máis papilas gustativas ca un adulto. Tenas incluso no padal e mesmo nos lados da boca. Moitas delas van desaparecendo a medida que crecemos. Isto é lóxico porque un bebé coñece o mundo que o rodea a través da súa boca. Fixácheste en que os bebés levan todo á boca e o chupan?

Que sabores detecta a nosa lingua?

Cos pelos de punta...

Na base de cada pelo da nosa pel hai un diminuto músculo. Cando nos asustamos ou temos frío, o musculiño contráese, o que fai que o pelo se levante.

Para nós, tal e como vivimos agora, non é importante, pero no resto dos animais o pelo ourizado fai que parezan máis grandes e ameazadores, o que espanta os seus atacantes.

Trátase dun movemento voluntario ou involuntario?

Un cerebro despistado

Verdade que semella que as liñas do cadrado están curvadas? Pois non, están perfectamente rectas.

O que ocorre é que, ás veces, o noso cerebro se despista e non entende ben os sinais que lle chegan desde os sentidos.

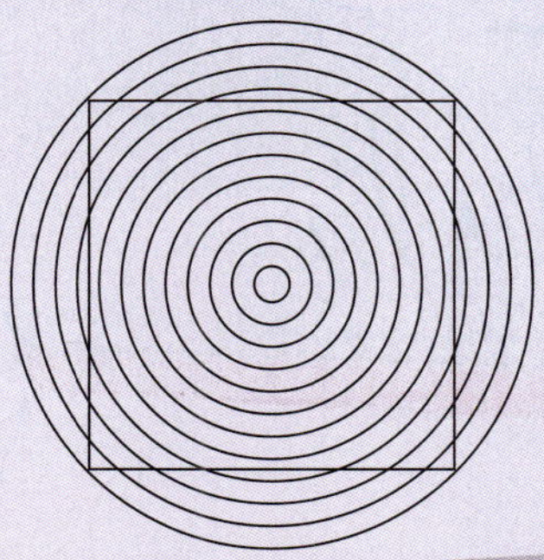

Como se chama o nervio que conecta o ollo co cerebro?

Socorro! Non me funciona un dedo!

Coloca a man sobre unha mesa nesta posición e intenta levantar cada dedo por separado. Que pasa co dedo anular? Non se levanta!

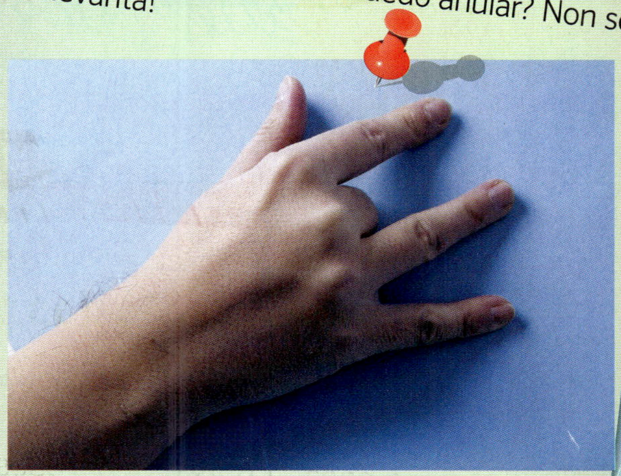

Como se chaman os ósos dos dedos?

Non te asustes, non es un bicho raro. O que pasa é que os dedos anular e corazón están relacionados por un mesmo tendón e non se poden mover por separado.

4 A nutrición e a saúde

Comes ben?

Pénsao ben antes de contestar. Comer ben non é papar e tragar todo o que se nos pon por diante.

Ser un experto en nutrición significa saber que alimentos necesitamos para mantenros activos e sans. Seguro que os coñeces: froitas, verduras, pan, ovos, auga... E non hai que crer todo o que din os anuncios de televisión sobre o bos que son os doces, os fritos ou os produtos con graxas, porque moitos deses alimentos non son saudables.

Se aprendes a comer ben poderás converterte nun gran chef e deseñar menús riquísimos e sans que che dean enerxía para realizar todas as tarefas do día.

Falamos

1. Con que función vital está relacionado o texto?
2. Segundo o texto anterior, cales dos seguintes alimentos cres que son sans?

   hamburguesa | ovos | pan | plátano | lambetadas | leituga

3. Cal dos dous nenos cres que sabe comer ben? Por que?
4. Cres que o menú que están anunciando na televisión da imaxe é san? Xustifica a túa resposta.

Que importante é... a saúde dental!

Cepillar os dentes cada día non só impide a carie e os mantén sans. Tamén evita que as bacterias presentes na boca poidan enfermarnos.

Tarefa final

Coñeces ben a túa dentadura? Demóstrao ao final da unidade.

1 A función de nutrición

Fíxate en Susana: que rápida é! Pero de onde saca tanta enerxía esta rapaza?

O alimento é o combustible que nos fai funcionar e que lle proporciona a Susana a enerxía suficiente para correr.

Os alimentos e os nutrientes

Cando comemos, tomamos **alimentos**. Os alimentos están formados por unhas substancias máis sinxelas, son os **nutrientes**. Existen distintos tipos de nutrientes: as **proteínas**, os **hidratos de carbono**, as **graxas**, as **vitaminas** e os **minerais**.

Mediante a función de **nutrición** inxerimos os alimentos e transformámolos en nutrientes. Deles obtemos **enerxía** para realizar as funcións vitais e **materia** para crecer e renovar o noso corpo. Neste proceso xéranse **substancias de refugallo** que o organismo debe expulsar.

Para levar a cabo a función de nutrición, o noso corpo, ademais, necesita **osíxeno**.

Observa e comprende — Os alimentos proporciónannos nutrientes

están formados por

proteínas, hidratos de carbono, graxas, vitaminas e minerais

proporciónannos

materia ↔ **enerxía**

Os aparatos que interveñen na nutrición

Na función de nutrición interveñen distintos aparatos. Cada un deles encárgase dunha tarefa:

smCelmedixital.com
COMPRENDE Os aparatos que interveñen na nutrición.

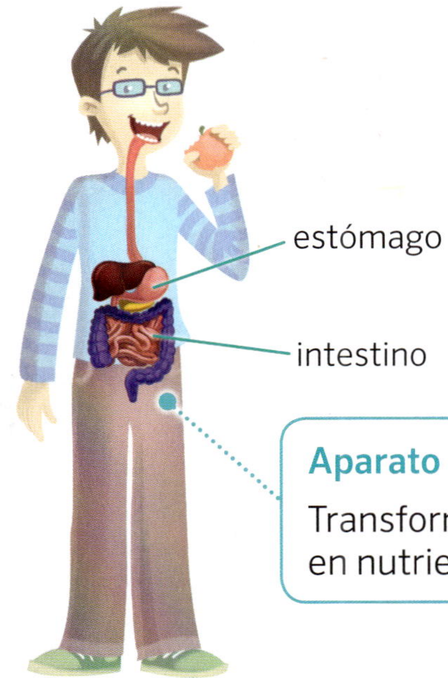

Aparato dixestivo

Transforma os alimentos en nutrientes.

Aparato respiratorio

Absorbe o osíxeno do aire. Tamén expulsa o dióxido de carbono, un gas que se produce como substancia de refugallo.

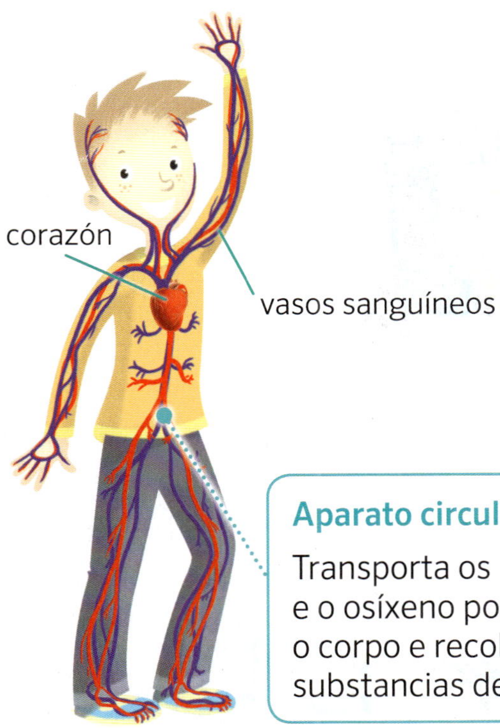

Aparato circulatorio

Transporta os nutrientes e o osíxeno por todo o corpo e recolle as substancias de refugallo.

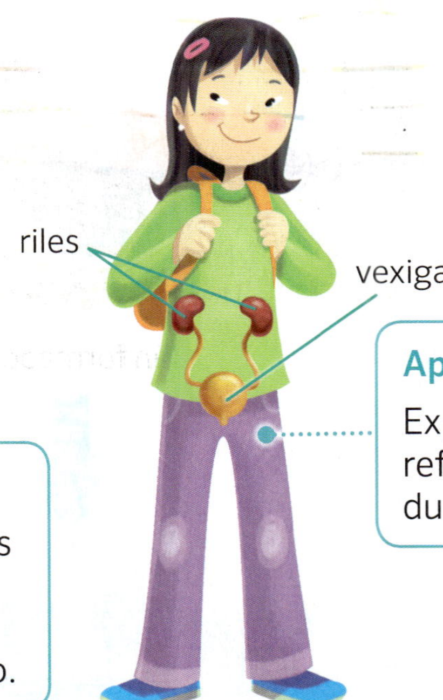

Aparato excretor

Expulsa as substancias de refugallo que se orixinan durante a nutrición.

- Os **alimentos** proporciónannos os **nutrientes** necesarios para crecer e realizar as funcións vitais.
- Na función de **nutrición** interveñen o **aparato dixestivo**, o **aparato respiratorio**, o **aparato circulatorio** e mais o **aparato excretor**.

Actividades

1. Indica en que grupos podemos clasificar os nutrientes.
2. Que aparatos expulsan refugallos na nutrición?

2 O aparato dixestivo

Imaxinas que o noso corpo non transformase a mazá que comiches en nutrientes? O aparato circulatorio non podería transportala e tampouco poderiamos usala para obter materia nin enerxía.

Por iso necesitamos que os alimentos se transformen en substancias máis sinxelas. Este proceso recibe o nome de **dixestión** e realízao o **aparato dixestivo**.

As partes do aparato dixestivo

O aparato dixestivo ten dúas partes:

- O **tubo dixestivo**, que é un tubo longo duns dez metros de lonxitude. Consta da **boca**, a **farinxe**, o **esófago**, o **estómago**, o **intestino delgado** e o **intestino groso**.
- As **glándulas**, que son órganos que verten substancias no tubo dixestivo para axudar a facer a dixestión. Son as **glándulas salivares**, o **fígado** e o **páncreas**.

A dixestión

Observa o percorrido que fai a mazá.

Experimenta: Coa saliva comeza a dixestión

A saliva é clave para a dixestión. Non só porque amolece a comida e axuda a tragala, senón porque contén elementos que transforman os alimentos en substancias máis sinxelas. Imos velo!

1. Mantén un anaco de pan na túa boca sen mastigalo durante uns minutos.

2. Pasado ese tempo notarás que o pan ten unha consistencia distinta e un sabor doce. Isto débese a que a saliva empeza a dixerir os hidratos de carbono.

3 Se repites este experimento cun anaco de espaguete, notarás que adquire tamén un sabor doce. En cambio, cun anaco de manteiga notarás un sabor salgado. A que cres que se debe?

- A **dixestión** é a transformación dos alimentos en substancias máis simples chamadas **nutrientes**.
- A **dixestión** ten lugar no **aparato dixestivo**.

smCelmedixital.com
XOGA E APRENDE As 3 en raia da dixestión.

Actividades

4 Indica cales dos seguintes órganos forman parte do tubo dixestivo. Explica a súa función.

a
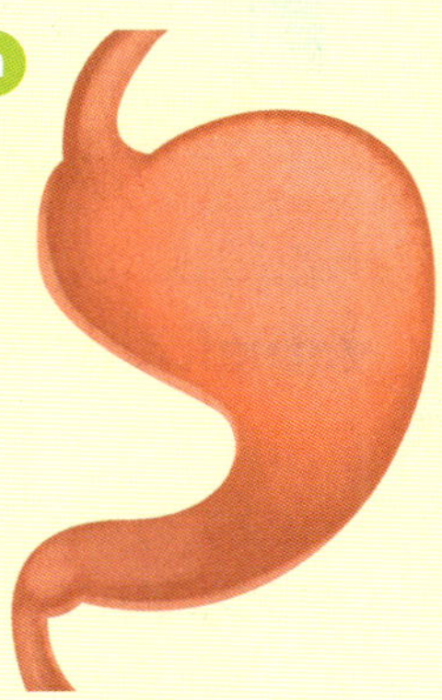

b

c
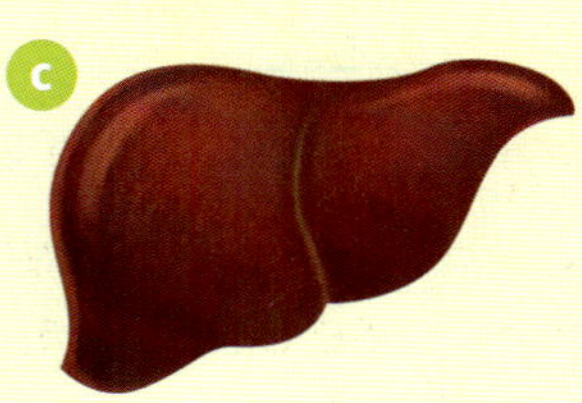

5 Debuxa no teu caderno o aparato dixestivo, escribe o nome das súas partes e indica a súa función.

6 En que parte do tubo dixestivo verten os seus zumes as glándulas salivares?

7 Ordena estas partes do aparato dixestivo tendo en conta o percorrido que segue o alimento cando o comemos.

farinxe | páncreas | boca | esófago | estómago | intestinos

3 Outros aparatos que interveñen na nutrición

Durante a nutrición, o noso corpo funciona como un gran restaurante. Imos velo!

O **aparato dixestivo** e o **aparato respiratorio** son os *cociñeiros*. Encárganse de obter os nutrientes e o osíxeno que o noso corpo necesita.

O **aparato circulatorio** é o *camareiro* que reparte os nutrientes e o osíxeno por todo o corpo, e recolle as substancias de refugallo. E ao final, o **aparato excretor** elimina os refugallos que se xeran.

A respiración e o aparato respiratorio

Para que o osíxeno chegue a todo o corpo é necesario respirar. A respiración realízase en dúas fases:

- A **ventilación pulmonar**, que se realiza en dous procesos: a **inspiración** e a **expiración**. Na inspiración o aire entra nos pulmóns, e na expiración o aire sae dos pulmóns.
- O **intercambio de gases**, polo cal o osíxeno inspirado pasa ao sangue e o dióxido de carbono do sangue pasa aos pulmóns para que sexa expulsado.

Da respiración encárgase o **aparato respiratorio**. Está formado polas **vías respiratorias** e os **pulmóns.**

As vías respiratorias son os condutos polos que entra e sae o aire. Constan das **fosas nasais**, a **farinxe**, a **larinxe**, a **traquea**, os **bronquios** e os **bronquíolos**.

A circulación e o aparato circulatorio

O **sistema circulatorio** leva os **nutrientes** e o **osíxeno** por todo o corpo, e recolle **refugallos** que se deben eliminar.

O aparato circulatorio está composto por:

- O **sangue**, que é un líquido vermello que circula polo interior dos vasos sanguíneos.
- Os **vasos sanguíneos**, que son os condutos polos que circula o sangue. Hai tres tipos: **arterias**, **veas** e **capilares**.
- O **corazón**, que é o órgano encargado de bombear o sangue para que circule polos vasos sanguíneos mediante uns movementos chamados **latexos**.

Actividades

8 A que órgano se refire cada oración?

Filtran o sangue.

Bombea o sangue.

Producen a suor.

A excreción e o aparato excretor

Durante a nutrición xéranse dous tipos de refugallos: o **dióxido de carbono**, que é expulsado polo aparato respiratorio, e **outras substancias**, que son eliminadas polo **aparato excretor**.

O aparato excretor está formado polo **sistema urinario** e as **glándulas sudoríparas**.

- O **sistema urinario** expulsa as substancias de refugallo a través da **urina**. Fórmano os **riles**, os **uréteres**, a **vexiga** e a **uretra**.
- As **glándulas sudoríparas** atópanse na pel e eliminan outros restos por medio da **suor**.

O **aparato respiratorio**, o **aparato circulatorio** e o **aparato excretor** tamén interveñen na nutrición.

4 A nutrición e a saúde

Brais comeu un montón de lambetadas no parque e dóelle a barriga. É lóxico que se encontre mal, verdade?

Para que o noso corpo e todos os órganos que participan na función de nutrición funcionen correctamente, é imprescindible ter unha alimentación adecuada.

Unha alimentación saudable

Alimentarse correctamente é tomar os alimentos que nos proporcionan todos os nutrientes que necesita o noso corpo e facelo nas cantidades adecuadas.

Cada nutriente ten a súa función e atópase en determinados alimentos.

smCelmedixital.com
XOGA E APRENDE Un restaurante 3 estrelas.

Os nutrientes

Proteínas

Proporcionan os materiais necesarios para crecer e reparar o corpo.
Están presentes na carne, no peixe, nos ovos, no leite e nos legumes.

Hidratos de carbono

Proporcionan a enerxía necesaria para levar a cabo as funcións do corpo.
Están presentes no arroz, a pasta, o pan, as froitas, as patacas e o azucre.

Graxas

Proporcionan a enerxía necesaria para levar a cabo as funcións do corpo.
Están presentes no aceite, na manteiga, no embutido e no touciño.

Vitaminas e minerais

Axudan a que o corpo funcione de maneira correcta.
Están presentes nas froitas, as verduras, o leite e os seus derivados, como o iogur ou o queixo.

Segundo a idade e a actividade física, cada persoa necesita unha alimentación diferente. Un neno que está medrando non necesita os mesmos nutrientes ca un deportista ou ca un ancián.

Para saber que alimentos temos que tomar, en que cantidades e con que frecuencia, usamos a **pirámide alimentaria**.

Os alimentos que están na **parte superior** hai que tomalos **só de cando en vez** e en pequenas cantidades. Os alimentos que aparecen na **zona media** debemos tomalos **varias veces á semana**. E os alimentos representados na **parte inferior** da pirámide hai que consumilos en maior cantidade ca o resto e **todos os días**. Verdade que é fácil?

A conservación dos alimentos

Os alimentos estráganse moi facilmente. Por iso, se non se van consumir enseguida, convén utilizar sistemas para conservalos en boas condicións.

Existen distintos métodos de conservación:

- O **frío** é un bo método de conservación. Se imos conservar os alimentos durante poucos días usamos a neveira. Se os imos gardar máis tempo, convén **conxelalos.**
- As **conservas** permiten ter alimentos dispoñibles e en perfecto estado de conservación. Este método consiste en gardar os alimentos en recipientes nos que se extrae o aire.

Sabías que...?

Nas etiquetas das conservas é moi importante consultar a **data de caducidade**, que é o día límite a partir do cal o alimento xa non se debe tomar.

Prácticas saudables para a nutrición

Ademais dunha alimentación saudable, existen outras prácticas necesarias para coidar os aparatos implicados na nutrición.

Aire limpo

Intenta respirar aire limpo para previr a aparición de arrefriados, gripe e outras enfermidades.

Hixiene

Mantén limpos os dentes e as mans para evitar caries e problemas no aparato dixestivo.

Exercicio

Practica exercicio físico, xa que mellora a circulación, prevén a obesidade e favorece a eliminación de refugallos mediante a suor.

Alimentación

Realiza cinco comidas ao día. Non abuses das graxas e do azucre, que poden producir obesidade e carie.

- Levar unha **dieta saudable** favorece a boa saúde de todos os aparatos implicados na nutrición.
- Os **métodos de conservación** axudan a manter durante máis tempo os alimentos en boas condicións.

Actividades

9. Transforma estes hábitos prexudiciais en saudables.
   - Comer dúas veces ao día: comida e cea.
   - Lavar os dentes unha soa vez ao día.

Así se constrúe a ciencia

Como facemos unha enquisa?

PASO 1 **Preguntámonos que é o que queremos estudar** coa enquisa. Por exemplo, queremos saber se os alumnos do curso de 4.º A practican hábitos de nutrición saudables.

PASO 2 **Escribimos as preguntas** da enquisa coas súas posibles respostas.

PASO 3 **Repartimos a enquisa** entre os alumnos de 4.º A para que a cubran.

PASO 4 **Recollemos os datos** e, por último, **analizamos os resultados**.

Razoo

1 Que conclusións sacas destes resultados obtidos en 4.º B?

Lavas as mans antes de comer?
Si: 12 Non: 13
Comes doces todos os días?
Si: 16 Non: 9

Poño en práctica

2 Elabora a túa propia enquisa seguindo estes pasos. Debe de ter, polo menos, cinco preguntas e ten que servir para saber se os alumnos de 4.º de Primaria coñecen os órganos que forman parte do aparato dixestivo e as súas funcións.

Organiza as túas ideas

A nutrición

- proporciónanos → Materia e enerxía
- comprende os procesos de → Dixestión → Respiración → Circulación → Excreción
- coidámola con → Alimentación saudable / Outras prácticas

Traballa co esquema

1. Copia o esquema no teu caderno. Despois engádelle os aparatos que levan a cabo os procesos recollidos no esquema.

2. Copia e completa o texto. Despois agrega as palabras ao teu esquema.

   A dixestión transforma os ●●● nunhas substancias máis sinxelas. Estas substancias máis sinxelas son os ●●● e divídense en: ●●●, ●●●, ●●●, ●●● e ●●●.

3. Que nutrientes achegan principalmente os seguintes alimentos? Indica a función que desempeñan.

   a  b  c  d 

4. Indica no teu caderno en que parte do esquema colocarías as seguintes palabras.

   suor | saliva | osíxeno | vea | urina | feces | diafragma

5. Onde incluirías no teu esquema cada un dos seguintes órganos?

   a 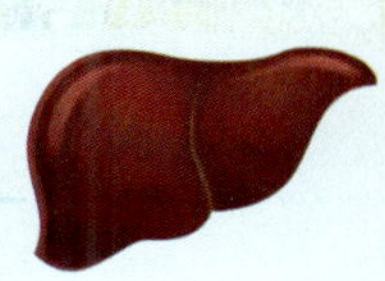 b 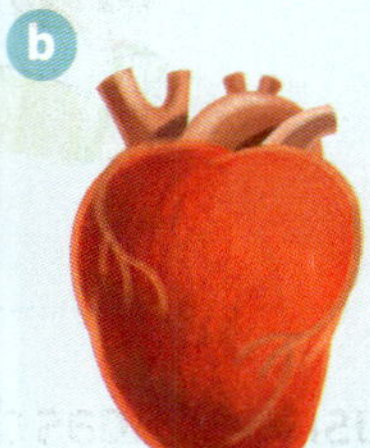 c 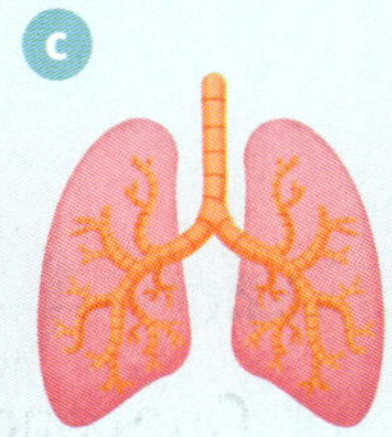

6. Inclúe no teu esquema tres prácticas saudables para coidar a función de nutrición.

7. Explica en que consiste unha alimentación saudable.

Repasa a unidade

1 A que aparato do corpo humano corresponden as seguintes funcións?

a) Transporta o osíxeno polo corpo.

b) Converte os alimentos en nutrientes.

2 Clasifica as seguintes palabras en dous grupos segundo sexan alimentos ou nutrientes.

ovo | vitaminas | arroz | graxas | piña | chourizo | hidratos de carbono | proteínas | pan | feixóns

3 O aire co que Xián apaga as candeas contén máis dióxido de carbono que o que inspirou? Razoa a túa resposta.

4 Copia o debuxo no teu caderno e indica o camiño que segue o aire desde que é inspirado ata que chega aos pulmóns. Nomea os órganos que percorre.

5 Por que cres que cando suamos moito temos menos necesidade de ouriñar?

6 Escribe un parágrafo que explique a función do aparato circulatorio. Inclúe estas palabras:

arterias - osíxeno - corazón - capilares - refugallos - veas - nutrientes - sangue

7 Ordena e relaciona cada número co que está ocorrendo nesa parte do corpo.

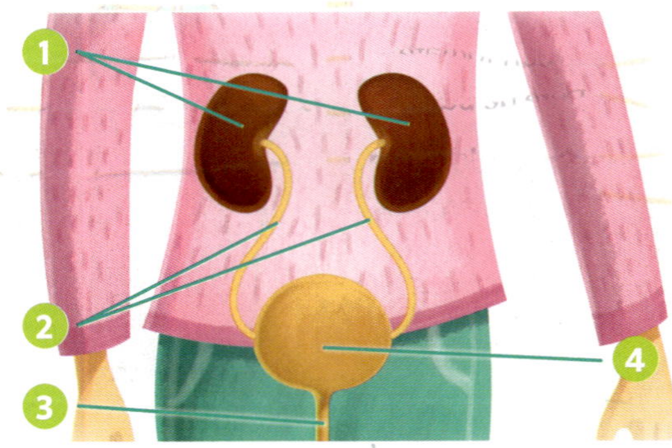

- A urina sae pola uretra.
- Extráense os refugallos do sangue.
- Acumúlase a urina na vexiga.
- A urina pasa dos riles á vexiga.

8 Que nutriente achega cada un dos alimentos sinalados neste prato?

9 A nai de Adriana quere darlle un alimento que lle proporcione enerxía para o partido que vai xogar. Cal destes pratos debería elixir? Por que?

A. Ensalada

B. Feixóns con xamón

C. Arroz con tomate

10 Escribe unha práctica saudable para coidar cada un dos aparatos da nutrición.

smCelmedixital.com

VALORA O APRENDIDO Comproba o que sabes na **autoavaliación**.

Ponte a proba

Que como hoxe?

Algunhas persoas non poden tomar certos alimentos porque lles sentan mal. Helena é celíaca e non pode inxerir alimentos que conteñan glute, unha substancia presente nos cereais.

1. Os cereais utilízanse para elaborar pasta, fariñas, galletas, pan... Con este dato, que menú debería elixir Helena para comer?

2. Que nutriente achegan principalmente os cereais? Elabora unha lista para Helena con outros alimentos que lle acheguen o mesmo nutriente.

Tarefa final Uns dentes moi traballadores

Xa viches que a dixestión empeza na boca e que os dentes cumpren un papel fundamental. Imos velo!

PASO 1 Debuxade nunha cartolina unha boca xigante onde se vexan todos os dentes que temos.

PASO 2 Investigade sobre os distintos tipos de dentes. Existen catro tipos! Identificádeos na cartolina e colocade estas etiquetas.

Os caninos esgazan o alimento.	Os molares trituran o alimento.	Os premolares rompen e trituran o alimento.	Os incisivos cortan o alimento.

PASO 3 Os alimentos ricos en hidratos de carbono poden facer enfermar os nosos dentes. Engadide debuxos de alimentos que convén comer con moderación e medidas de hixiene para evitar a carie.

smCelmedixital.com

VALORA O APRENDIDO **Como traballaches** nesta tarefa?

A túa revista

Glups... que vergonza!

Púxoseche algunha vez a cara encarnada coma un tomate pola vergonza?

Se che pasou, é que estás ben preparado para reaccionar ante o perigo. E é que, en situacións de estrés, o corazón envía máis sangue ao cerebro e aos músculos para estar preparados por se hai que fuxir a todo correr. Na cara, a pel é máis fina e transparéntanse os vasos sanguíneos. Por iso, ese "subidón" de sangue fai que nos poñamos vermellos coma un tomate.

A que aparato do corpo humano pertence o corazón?

Unha gaiola de leóns no estómago?

Seguro que algunha vez che ocorreu na clase, no cine... que as túas tripas se puxeron a ruxir coma un león. Que vergonza!

Pero non importa, a todo o mundo lle sucede. Despois dun tempo co estómago baleiro, o noso corpo envía un sinal ao cerebro: Quero comida!! Este sinal fai que os nosos intestinos se movan.

Como aínda non hai nada que dixerir e tanto o intestino coma o estómago están baleiros, prodúcese un son que parece o eco. E óeno ata os da clase do lado!

Que órganos percorre o alimento entre o estómago e o ano?

Por que bocexamos?

Cando estamos aburridos ou cansados, a nosa respiración é máis lenta e o noso corpo recibe menos osíxeno.

O bocexo é unha inspiración moi profunda. Así, o corpo incorpora unha cantidade extra de osíxeno que ao noso cerebro lle vén de marabilla para activarse un pouco máis.

Como chega o osíxeno ao cerebro?

Un coche... para comelo!

O ecoF3 é o primeiro automóbil de carreiras deseñado pola Universidade de Warwick que está creado por completo con materiais renovables e, ademais, comestibles! O volante está feito a base de cenoria; a carrozaría, de patacas, e o asento, de soia. Ademais, utiliza chocolate como combustible!

Se comes o automóbil ecoF3, que nutrientes incorporarías?

Calcetíns cheirentos

Como pode ser que os calcetíns cheiren tan mal só pola nosa suor? Estaremos rancios por dentro?

Non te preocupes, o teu corpo está perfectamente. O que ocorre é que os pés son a parte máis suorenta do corpo humano. Cada pé contén miles de glándulas sudoríparas que, en dous días, poden producir case un litro de auga! Ás bacterias que hai na nosa pel encántalles a suor e son as que provocan ese olor pestilente.

A solución? Manter limpos os pés para evitar que unha boa tropa de bacterias se instale comodamente neles.

A que aparato do corpo humano pertencen as glándulas sudoríparas?

Comproba o que aprendiches

Test

Lembras todo o que aprendiches durante este trimestre? Compróbao con este test.

1. A que órgano dos sentidos pertencen as seguintes partes?

caracol | ósos finos | tímpano

A. Ao ollo
B. Ao oído
C. Á pel

2. Que órgano enviou a orde de golpear a pelota?

A. O ollo, ao ver que viña a pelota.
B. O cerebro, tras recibir a mensaxe enviada polo ollo.
C. O músculo do brazo.

3. Que músculos son os que máis está exercitando Alberte?

A. O bíceps e o tríceps.
B. O cuadríceps e o xemelgo.
C. O pectoral e o trapecio.

4. Cal é o percorrido que segue o alimento desde a boca ata o ano?

A. Traquea, estómago, intestino delgado, intestino groso.
B. Esófago, estómago, intestino delgado, intestino groso.
C. Esófago, estómago, intestino groso, intestino delgado.

5. Cal dos seguintes pratos é o que máis che axudaría a crecer?

Pescada á prancha
Arroz con tomate
Macedonia de froitas

A. A macedonia de froitas
B. A pescada á prancha
C. O arroz con tomate

6. Quen está realizando unha práctica saudable para a nutrición?

David | Susana | Filipe

A. David
B. Susana
C. Filipe

smCelmedixital.com REPASA

Unha xincana diferente

Esther e as súas amigas van disputar unha xincana. Teñen que chegar ao restaurante pero cada unha ten que facelo dunha maneira. Poderán chegar?

1. Que camiño é o máis seguro para cada nena? Describe por onde tería que ir cada unha e explica por que o cres así.

2. Que aparato ou órgano ten alterado cada unha das nenas? Con que función vital está relacionado? Explícao no teu caderno.

3. Por fin chegaron ao restaurante. Que fame teñen! Que sentidos van utilizar principalmente? Razoa a túa resposta.

4. Carme e as súas amigas gastaron moita enerxía na xincana. Cal dos seguintes pratos lles recomendarías para repoñer forzas? Xustifícao.

a

b

c

España, unha gran riqueza

PROXECTO TRIMESTRAL
Descubrimos a arte

A gastronomía española, unha arte saudable

Sabes que o feito de cociñar pode converterse nunha arte? Cada vez son máis os grandes cociñeiros españois que, ademais de cociñar de marabilla, demostran que saben dar beleza aos pratos que preparan mediante formas orixinais e vistosas.

Grazas a eles, España ten unha das mellores gastronomías do mundo tanto pola calidade como pola variedade dos seus pratos.

1 Observa os seguintes pratos creativos e responde as preguntas.

a) Que nutriente achega principalmente cada un deles?

b) Que prato sería o máis adecuado para crecer?

c) Imaxina que comes un destes pratos e indica o percorrido que fará no interior do teu aparato dixestivo.

2 En equipos de 4 ou 5 compañeiros, elaboramos o noso propio prato creativo. Despois, individualmente, contestamos as preguntas que aparecen a continuación:

a) Copia e completa esta ficha no teu caderno. Con que órgano dos sentidos percibes cada sensación?

O meu prato

Que vexo ....

A que cheira ....

Que cores ten ....

Como pode soar ao comelo ....

Que sinto ao tocalo ....

A que sabe ....

b) A elaboración deste prato foi un movemento voluntario ou involuntario? Xustifica a túa resposta.

3 Unha boa alimentación non é a única condición para estarmos sans. Os bos hábitos tamén axudan a levar unha vida saudable. Escribe e completa a seguinte táboa indicando de que maneira colaboran estes bos hábitos para a saúde do noso corpo.

	Que aparatos ou órganos favorece?	Que nos axuda a previr?	Cada canto debo realizalo?
Facer exercicio	●●●	●●●	●●●
Cepillar os dentes	●●●	●●●	●●●
Beber auga	●●●	●●●	●●●
Oír música a un volume adecuado	●●●	●●●	●●●
Poñer crema protectora	●●●	●●●	●●●
Sentar dereito	●●●	●●●	●●●
Ler con boa iluminación	●●●	●●●	●●●

5 A materia e as máquinas

Máquinas divertidas

Xoel contoulle un segredo a Paula: polo seu aniversario vai ir ao parque de atraccións. Os parques de atraccións son xeniais. Están cheos de máquinas divertidas! A nora, que é como unha roda enorme, a montaña rusa cos seus coches e terribles costas, o trenciño que percorre o parque botando fume…

Moitas destas máquinas están feitas de aceiro para que sexan máis resistentes, pero teñen partes de plástico, o que lles dá suavidade e comodidade.

Tanta xente visita estes parques que debemos ser coidadosos e recoller todo o lixo que se xera: bolsas de patacas, caixas de pizza, botellas, papeis… Se non, vaia desastre!

Falamos

1. Que máquinas menciona o texto que hai nun parque de atraccións?
2. Observa a imaxe. Escribe os nomes de tres obxectos que sexan de metal e doutros tres que sexan de plástico.
3. Indica en que colector dos que aparecen na imaxe depositarías estes restos.

botella de plástico | caixa de cartón | plano do parque | envase de zume

Que importante é... a discreción!

Ás veces, as persoas ábrennos os seus sentimentos para que as coñezamos mellor e conservemos na intimidade o que compartiron connosco.

Tarefa final

Os espías si que saben ser discretos! Crea unha mensaxe secreta con auga e sal.

1 A materia e as súas propiedades

Observa estes dous burros. Cal cres que leva o carro máis pesado?

Unha pataca pesa máis ca unha palla, pero o saco da palla é moito máis grande... Que difícil! O certo é que ambos os carros pesan o mesmo porque, aínda que ocupan distinto volume, os sacos teñen a mesma masa: 100 quilogramos.

Propiedades xerais da materia

Todo o que nos rodea, a túa roupa, a auga que bebes, o aire que respiras... está formado por **materia**, e polo tanto, ten masa e volume.

A **masa** é a cantidade de materia dun corpo. Mídese en gramos ou en quilogramos mediante **balanzas** e **básculas**.

O espazo que ocupa un corpo é o **volume**. Pódese medir en litros. Para iso úsanse **xerras**, **vasos medidores** e **probetas**.

Observa e comprende — Medimos a masa e o volume

As mazás teñen a mesma masa ca as uvas.

Coas balanzas podemos comparar a masa de dous obxectos. Se os dous pratos están igualados é que os dous obxectos teñen a mesma masa.

Ambos os recipientes conteñen un litro de auga.

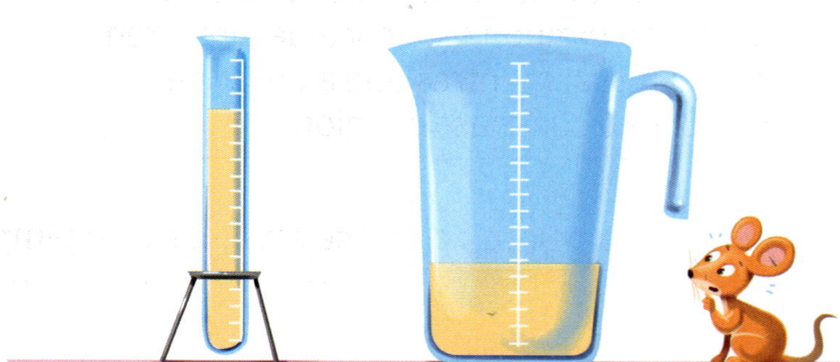

Segundo o volume que queiramos medir, utilizamos distintos recipientes. A forma dos recipientes pode facer que o seu volume pareza distinto, aínda que sexa o mesmo.

-00.59

Outras propiedades da materia

A materia ten outras propiedades, chamadas **propiedades específicas**, que fan que cada tipo de materia se empregue para uns usos e non para outros. Cando utilizamos calquera materia para fabricar obxectos chamámoslle **material**.

Experimenta — A densidade

A densidade é unha propiedade da materia que relaciona a masa dun corpo co seu volume. Que un corpo flote na auga depende da súa densidade: se a súa densidade é menor ca a da auga flotará.

1. Estas pelotas teñen o mesmo volume, pero a de pimpón está chea de aire e ten pouca masa, mentres que a de golf é maciza e a súa masa é maior.
2. Observa que ocorre cando introducimos as pelotas nun vaso con auga.

1 Por que a pelota de golf se afunde e a de pimpón non? Xustifica a túa resposta.

- A **masa** e mais o **volume** son as **propiedades xerais** da materia.
- Cada tipo de materia presenta unhas **propiedades específicas** que a fan diferente do resto.

Actividades

2 Escribe tres propiedades específicas dos materiais que forman unha tixola.

2 Substancias puras e mesturas

Sabes como se fai a maionesa? Mestúrase un ovo, limón, aceite e sal, e bátese ata obter unha crema riquísima que é unha **mestura** de substancias.

Ás veces, a materia pode estar formada por unha soa substancia. Por exemplo, o sal co que fixemos a maionesa. Dicimos así que o sal é unha **substancia pura**.

Tipos de mesturas

Na maionesa non é posible distinguir os ingredientes cos que a preparamos. Non obstante, podemos preparar outras mesturas, como unha macedonia, nas que se ven perfectamente os compoñentes incorporados. Por iso se distinguen dous tipos de mesturas:

- As **mesturas homoxéneas** son aquelas nas que non se distinguen as substancias que as compoñen, como ocorre co zume de tomate.

  As mesturas homoxéneas formadas por dous líquidos, por un líquido e un sólido, ou por un líquido e un gas denomínanse **disolucións.** Os seus compoñentes chámanse **disolvente** e **soluto**. O disolvente é o elemento máis abundante da mestura. Por exemplo, nun batido de chocolate, o disolvente é o leite e o chocolate o soluto.
- As **mesturas heteroxéneas** son aquelas cuxos compoñentes se distinguen a simple vista debido a diferenzas de cor, densidade... É o caso da paella ou da pizza.

smCelmedixital.com
PRACTICA Identificamos mesturas.

Separamos as mesturas

Ás veces pódense realizar **disolucións** como primeiro paso para separar os distintos compoñentes dunha mestura. Ademais deste, os principais métodos para separar mesturas son:

- A **filtración**, que serve para separar mesturas heteroxéneas formadas por un sólido e un líquido, como a auga con area.
- A **destilación**, que separa mesturas homoxéneas de líquidos.
- A **evaporación**, que separa mesturas homoxéneas formadas por un sólido e un líquido, como a auga con sal.

Pasamos a mestura por un papel de filtro que deixará pasar a auga e reterá a area.

Quentamos a mestura ata que se evapore un dos líquidos. Ao arrefriar, condénsase e recóllese de forma líquida.

Quentamos a mestura. Pasado o tempo, a auga evaporouse e no fondo queda o sal.

Experimenta — Mesturas e densidade

Hai substancias que non se poden mesturar e se ordenan segundo a densidade. As máis densas afúndense e as menos densas quedan arriba. Este método de separación chámase **decantación**.

1. Nun vaso engade un pouco de mel, despois auga e, finalmente, aceite.

2. Revolve moi ben cunha culleriña e espera uns minutos.

3 Que substancia é menos densa ca a auga? Cal non se pode mesturar coas outras?

- As mesturas poden ser **heteroxéneas** ou **homoxéneas**.
- Para separar mesturas hai distintos métodos, como a **filtración**, a **destilación** e a **evaporación**.

Actividades

4 Clasifica estas mesturas.

sopa de fideos | viño

3 Os cambios na materia

Brais e o seu avó acenderon a cheminea. Ao día seguinte, a madeira que usaron desaparecera! No seu lugar só quedaba cinza. Que pasara cos troncos?

A madeira non desaparecera, senón que se transformara noutras substancias: cinza, fume e gases.

Cambios físicos

Os cambios tras os cales a composición da materia non varía denomínanse **cambios físicos**.

Os cambios físicos pódense producir:

- **Por cambios na temperatura**, que dan lugar a **cambios de estado**. Así, a materia pode sufrir transformacións entre os estados sólido, líquido e gasoso, segundo reciba calor ou arrefríe.
- **Por aplicación de forzas**, que poden provocar **cambios** no seu **movemento** ou na súa **forma**.

smCelmedixital.com
PRACTICA Recoñece os cambios na materia.

Cambios químicos

Algunhas substancias cambian e transfórmanse noutras. Estes cambios chámanse **reaccións químicas**. Nelas, unhas substancias, denominadas **reactivos**, convértense noutras distintas, chamadas **produtos**.

Existen diferentes tipos de cambios químicos:

- A **oxidación**, que se produce cando unha substancia se combina co **osíxeno** do aire e forma unha **nova substancia**.
- A **combustión**, que é unha oxidación moi rápida que ocorre cando un material, como a madeira, se combina co osíxeno e arde. Os materiais que poden arder chámanse **combustibles**.
- A **fermentación**, que ocorre en ausencia de osíxeno e grazas á acción de determinados seres vivos. A fermentación máis común realízana os **fermentos**, aínda que tamén hai outros seres vivos, como as **bacterias**, capaces de realizala.

Actividades

5 Indica a que tipo de cambio corresponde cada imaxe.

- Os **cambios físicos** pódense producir por **cambios na temperatura** ou pola **aplicación de forzas**.
- A **oxidación**, a **combustión** e a **fermentación** son tipos de **cambios químicos**.

4 As máquinas

Imaxina que non existisen as tesoiras. Poderías cortar as uñas? E non vale dicir que cos dentes! Seguramente non poderías, a non ser que inventases unha máquina que che axudase.

As **máquinas**, como a tesoira, son aparatos formados por distintos materiais que nos axudan a realizar traballos con menos esforzo e fan a nosa vida máis cómoda. Foron modernizándose ao longo do tempo.

Tipos de máquinas

Segundo o número de pezas que teñan, podemos clasificar as máquinas en dous grupos:

- **Máquinas simples**, que teñen unha ou moi poucas pezas, como unha roda e unha tesoira.
- **Máquinas compostas**, que están formadas por moitas pezas, algunhas das cales poden ser máquinas simples. Unha bicicleta ou un televisor son máquinas compostas.

Que fai funcionar as máquinas?

Para que unha máquina funcione necesita **enerxía**. Segundo o tipo de enerxía que utilicen, as máquinas clasifícanse en:

- **Máquinas manuais**, que son as que poñemos en funcionamento coa **nosa enerxía**; como a bicicleta.
- **Máquinas eléctricas**, que son as que utilizan a **enerxía eléctrica**, como o batedor.
- **Máquinas térmicas**, que son as que usan a enerxía obtida ao queimar un **combustible**, como os coches.

Sabías que...?

O bo uso das máquinas é esencial

Para que non se deteriore o medio ambiente, convén usar aparatos que consuman pouca enerxía e que non liberen substancias tóxicas.

Ademais, para evitar accidentes, hai que manexalas correctamente seguindo os consellos de seguridade que aparecen nas instrucións de uso.

Máquinas manuais

Máquinas eléctricas

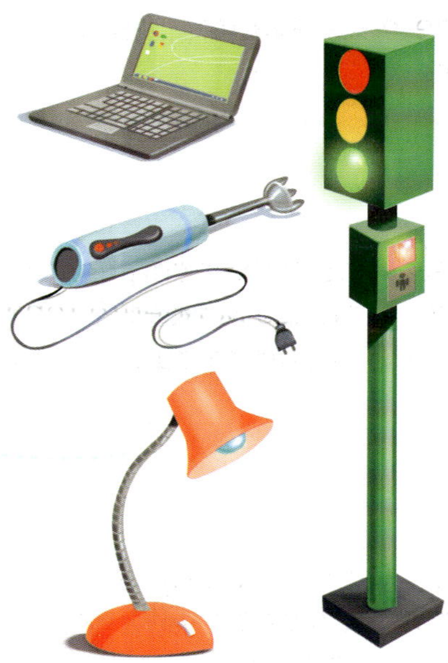

Máquinas térmicas

Os compoñentes das máquinas compostas

As pezas que forman as máquinas compostas chámanse **compoñentes** ou **operadores**. Ás veces, eses compoñentes son máquinas simples.

Actividades

6 Clasifica as máquinas.

a  b 

As máquinas simples

A panca

Consiste nunha **barra ríxida** que se move apoiada sobre un punto, chamado **punto de apoio**. Nun dos extremos está o peso ou **carga**, e no outro extremo aplícase a **forza** para mover esta carga.

A panca úsase para mover obxectos que pesan moito ou que están encaixados nalgún lugar.

A roda

É un disco que xira arredor dun **eixe** central. É moito máis fácil desprazar algo pesado sobre unhas rodas ca arrastralo polo chan.

As **engrenaxes** son un tipo de rodas con dentes que encaixan entre si e xiran á vez.

A polea

É unha roda cun suco ou **canal** por onde se despraza unha **corda**. Nun extremo da corda ponse unha carga e desde o outro extremo tírase.

É unha máquina moi útil porque permite levantar peso máis comodamente ca se se fixese a pulso.

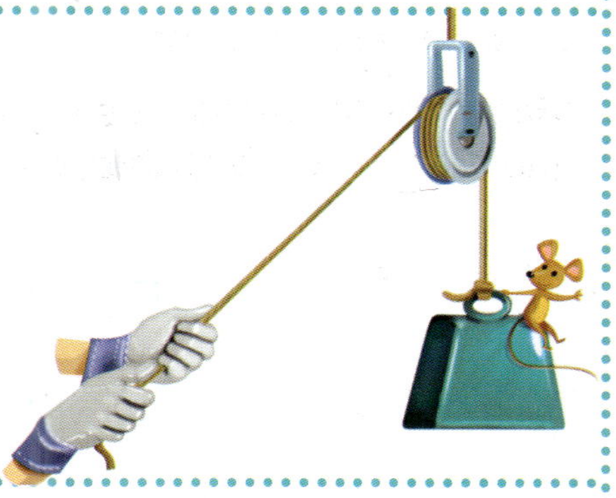

O plano inclinado

É unha **rampla** que se usa para subir ou baixar corpos, facéndoos esvarar sobre o chan. Canta menos pendente teña a rampla, máis fácil será subir o obxecto, aínda que haberá que percorrer máis distancia.

As máquinas poden ser **simples** ou **compostas**, segundo o seu número de pezas, e **manuais**, **eléctricas** ou **térmicas**, segundo a enerxía que utilicen para funcionar.

5 A panca

Fíxate neste romano. Aínda que na súa época non existían as mesmas máquinas que agora, observa de que maneira máis sinxela quita a pedra do camiño para poder pasar.

Cun pau apoiado nunha pequena pedra, montou unha **panca** que transmite e aumenta a súa forza para mover facilmente a pedra grande. Ocorreríaseche a ti?

Partes da panca

Os elementos que se poden distinguir nunha panca son:

Tipos de pancas

Segundo onde se sitúen o punto de apoio, a carga e a forza, é posible distinguir tres tipos de pancas: de **primeiro xénero**, de **segundo xénero** e **de terceiro xénero**.

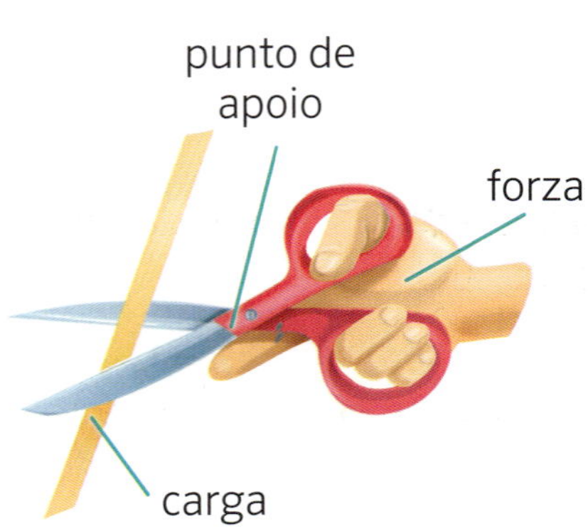

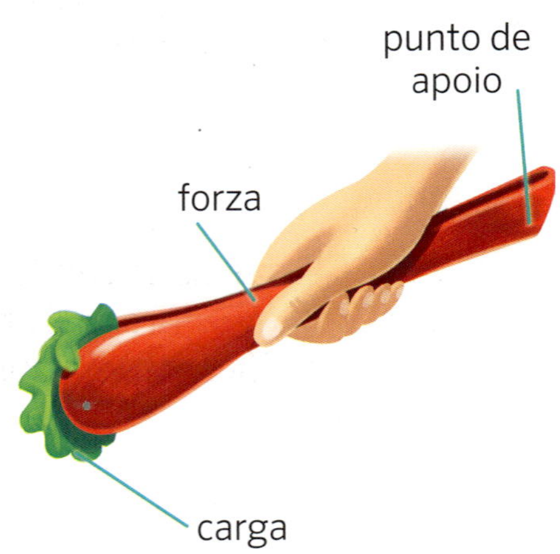

De primeiro xénero

O punto de apoio sitúase entre a carga e a forza, como o que ocorre por exemplo nas tesoiras ou nos alicates.

De segundo xénero

O punto de apoio está nun extremo, a forza no outro extremo e, no medio, a carga. O espremedor é un exemplo.

De terceiro xénero

O punto de apoio está nun extremo, a carga no outro e, no medio, a forza, como nas pinzas. Con este tipo conséguese precisión.

Observa e comprende **Tipos de pancas**

Panca de primeiro xénero	Panca de segundo xénero	Panca de terceiro xénero

- A **panca** é un tipo de **máquina simple** que serve para transmitir forzas.
- Hai tres tipos de pancas segundo onde se sitúen os seus elementos: as de **primeiro xénero**, as de **segundo xénero** e as de **terceiro xénero**.

sm**Celme**dixital.com
XOGA E APRENDE Pancas na túa vida.

Actividades

7 Observa ben as seguintes imaxes. En que posición resultará máis fácil levantar o libro? Xustifica a túa resposta.

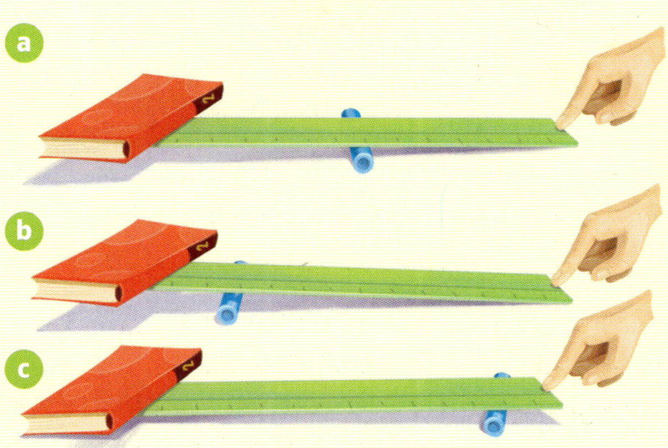

8 Que tipo de panca é a pa? Copia o debuxo e sinala as súas partes.

9 Indica que tipo de panca é o martelo en cada caso. Xustifícao.

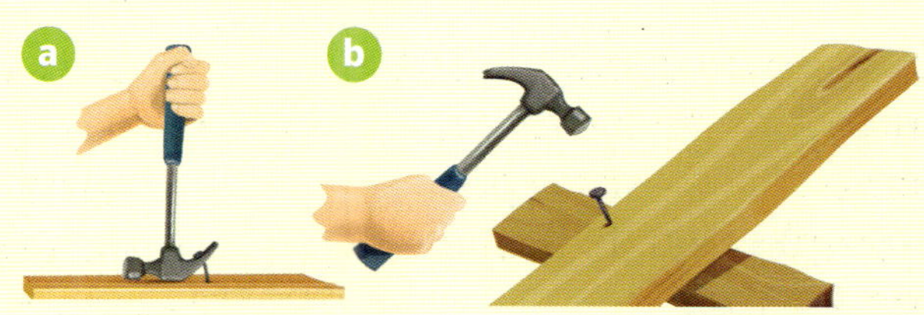

Así se constrúe a ciencia

Construímos unha máquina e a súa estrutura

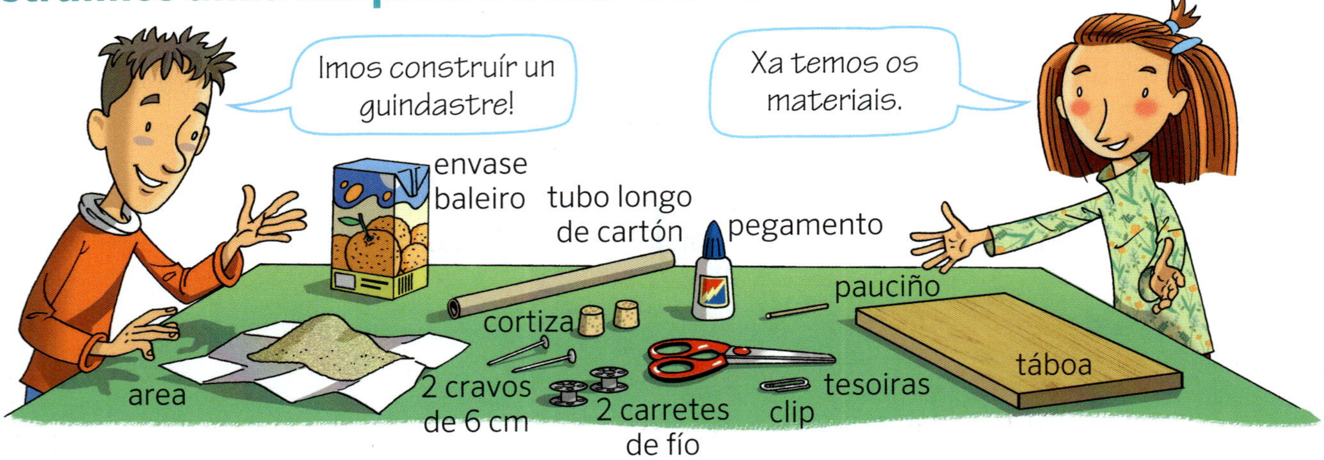

PASO 1 **Facemos a base do guindastre.** Para iso, recortamos con axuda dun adulto un burato do grosor do tubo de cartón, cerca do bordo. Despois, pegamos o envase á táboa e enchémolo de area.

PASO 2 **Construímos o brazo do guindastre.** Cravamos os carretes ao tubo usando os cravos. Un nun extremo, e o outro a 12 cm. Poñemos un anaco de cortiza nas puntas do cravo que sobresaen.

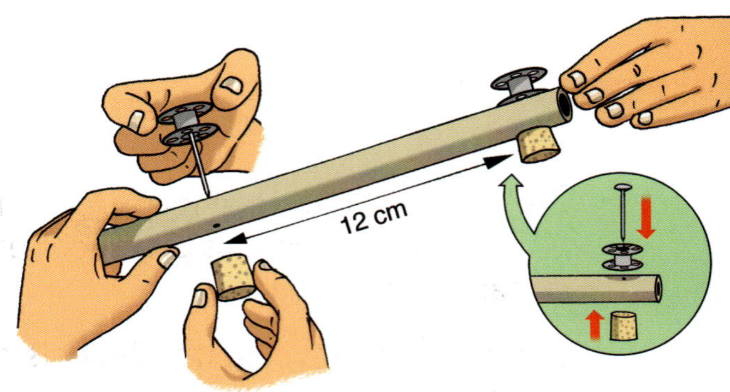

PASO 3 **Enganchamos as partes.** Metemos o tubo polo burato do envase. **Facemos unha manivela.** Introducimos o pauciño nun dos orificios do carrete inferior e suxeitámolo con plastilina.

PASO 4 **Facemos pasar o fío do carrete inferior** sobre o carrete superior. Atamos un clip ao extremo que fará de gancho. E xa temos listo o guindastre.

Razoo

1 Que tipo de máquina cres que é o guindastre? Razoa a túa resposta.

Poño en práctica

2 Constrúe o teu propio guindastre. Que ocorrerá se o fío só pasa polo carrete inferior?

Organiza as túas ideas

A materia

- ten → **Propiedades** — que poden ser → Xerais → Específicas
- pode ser → **Substancia pura** → Mesturas
- experimenta → **Cambios** — que poden ser → Físicos → Químicos
- forma → **Materiais** — úsanse en → **Máquinas** — clasifícanse segundo o número de pezas en → Simples → Compostas

Traballa co esquema

1. Copia o esquema e engade o nome das propiedades xerais e as propiedades específicas da materia.

2. Copia e completa o texto. Despois engade as palabras no teu esquema.

> Existen dous tipos de mesturas: as ●●●, nas que se distinguen as substancias que a forman, e as ●●●, nas que non se distinguen. As mesturas pódense separar por distintos métodos: ●●●, ●●● e ●●●.

3. Coloca as seguintes imaxes no teu esquema, segundo se trate dun cambio físico ou químico.

a  b  c 

4. Engade no teu esquema a clasificación das máquinas segundo o tipo de enerxía que usan. E coloca cada unha destas máquinas no lugar que lles corresponda.

avión | televisión | monopatín

5. Cales destas imaxes elixirías para ilustrar as máquinas simples?

a  b  c 

d 

6. Fíxate na máquina do esquema: é simple ou composta? Indica os compoñentes que a forman.

Repasa a unidade

1 Escribe o nome dalgún material que sirva para cada un destes usos e indica que propiedade lle permite cumprir esa función.

a) Non queimarnos ao coller algo quente.

b) Dobralo sen que rompa.

c) Sentar sobre el sen que rompa.

2 Como pode separar Sabela os compoñentes desta mestura? É homoxénea ou ben heteroxénea?

3 Segundo a súa procedencia existen dous tipos de materiais: os naturais, que se encontran na natureza, e os artificiais, que son elaborados polo ser humano. Clasifica estes elementos segundo sexan materiais naturais ou artificiais.

arxila - area - pedra - papel - coiro - plástico - seda - madeira - la

4 Que cambios se producirán no balón cando Clara o golpee? Serán cambios físicos ou químicos? Razóao.

5 Selecciona a función que cres que tiña esta antiga máquina.

A. Producir electricidade mediante a enerxía do vento.

B. Moer trigo para obter fariña.

C. Aloxar persoas.

6 As seguintes máquinas utilizáronse como medios de comunicación. Ordénaas desde a máis antiga á máis moderna.

a

b

c

d

7 Copia esta máquina e sinala as súas partes. En que posición moverá Alexandre a caixa máis facilmente? Xustifica a resposta.

a

b

smCelmedixital.com

VALORA O APRENDIDO Comproba o que sabes na **autoavaliación**.

Ponte a proba

Como pescudamos o volume dun corpo?

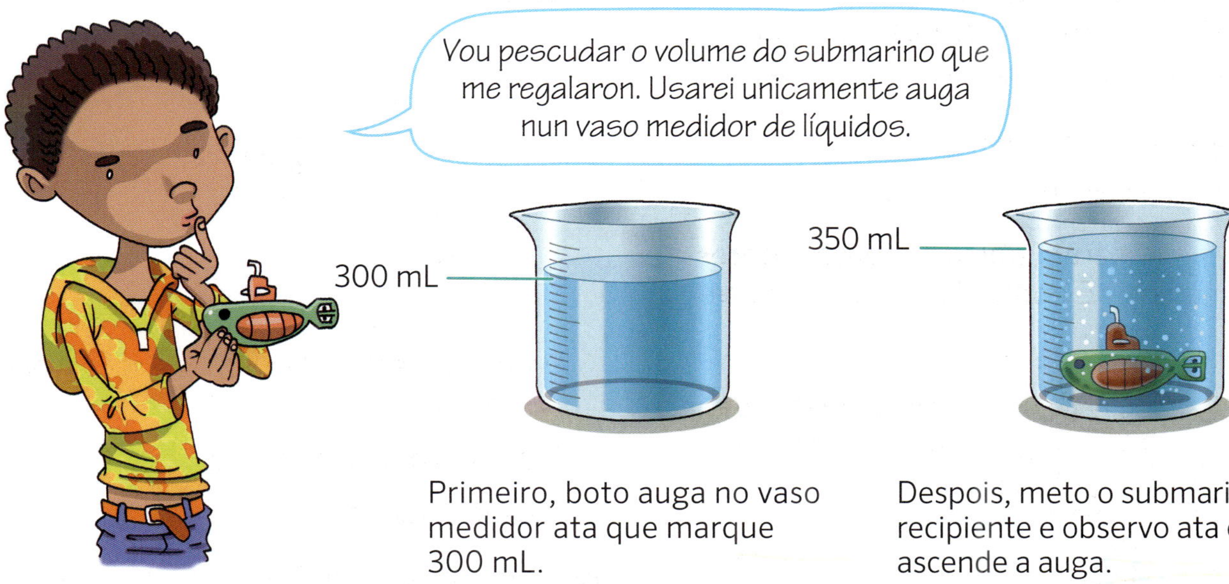

Primeiro, boto auga no vaso medidor ata que marque 300 mL.

Despois, meto o submarino no recipiente e observo ata onde ascende a auga.

1. O volume do obxecto é a diferenza entre o volume inicial e o final. Cal é o volume do submarino?
2. Podemos utilizar este método para medir o volume dun xoguete que absorbe a auga? Razoa a túa resposta.

Tarefa final Segredos evaporados

Aprendiches na unidade como separar unha mestura. Aproveita estes coñecementos para escribir mensaxes secretas.

PASO 1 Nun recipiente, mesturade dúas culleradas de sal con dúas de auga. Removede ata que o sal se disolva por completo.

PASO 2 Mollade un pincel nesta mestura e escribide cadansúa mensaxe secreta. Esperade a que se evapore a auga e veredes que desaparece a mensaxe.

PASO 3 Fretade amodo cun lapis de punta branda as partes escritas. A mensaxe aparecerá grazas ao relevo do sal que quedou no papel tras evaporarse a auga.

PASO 4 Escribide a mensaxe secreta e indicade que tipo de mestura é a tinta secreta e que método de separación empregastes.

smCelmedixital.com

VALORA O APRENDIDO **Como traballaches** nesta tarefa?

A túa revista

Inventos espaciais... e especiais!

A NASA, a axencia que se ocupa de buscar as mellores solucións para a vida dos astronautas no espazo, nunca imaxinaría o útiles que resultarían inventos coma estes.

Que son os materiais?

... os cueiros refugables

O material absorbente que teñen os cueiros dos bebés en realidade inventouse para que os astronautas puidesen facer as súas necesidades. É que no espazo non hai baños!

Ao contacto co líquido, este material transfórmase nunha especie de xelatina e evita que o cuíño dos bebés se irrite coa urina.

e a sola dos tenis

As zapatillas que usan os corredores son dun material especial que ideou a NASA. Este material úsase nos asentos onde os astronautas tiñan que pasar tanto tempo. Con iso evitaban que lles doese o traseiro.

E é que este material transmite unha sensación parecida á de camiñar pola Lúa, por iso se chama "espuma lunar".

Unha forza ás veces molesta

Entre os cambios que experimenta o teu corpo, seguro que o da caída ao chan é dos que menos graza che fai. E por que non podemos quedar suspendidos no aire coma os astronautas no espazo?

A causa das nosas dolorosas caídas é a atracción que exerce en nós unha forza chamada gravidade, que tira de nós cara abaixo e mantén os nosos pés pegados ao chan.

A caída ao chan pola gravidade provoca un cambio físico ou químico?

Cres que as máquinas que inventou podían ser eléctricas?

Unha gran científica, Hipatia de Alexandría

Foi unha muller incrible que viviu hai máis de 1.600 anos e é considerada por moitos a primeira muller científica da historia.

Dedicouse á filosofía, ás matemáticas, á astronomía, á música e era xenial en todos eses campos.

Coñécense varios inventos seus. Un deles, un astrolabio plano, que serve para medir a posición das estrelas, os planetas e o Sol. Tamén inventou o aerómetro, que se usa para medir as propiedades físicas do aire ou outros gases.

Desgraciadamente, foi asasinada por manterse fiel ás súas ideas.

Puntos limpos para un planeta sucio

Fuches algunha vez a algún punto limpo da túa vila ou cidade? Non creas que é un lugar no que están fregando todo o día.

É un recinto cheo de colectores de todo tipo. Uns recollen materiais tóxicos que poden envelenar a auga e o solo, como pinturas, produtos de limpeza, aceites, pilas... Noutros déixanse vellas máquinas das que se poderán aproveitar algúns elementos para fabricar outras novas.

É fundamental eliminar correctamente os obxectos usados, pero temos que intentar fabricar menos materiais para non contaminar tanto o ambiente e analizar ben o posible perigo dos novos materiais.

Existen colectores de distintas cores. En cal debes tirar as latas de refresco?

6 A enerxía

A enerxía dos mil disfraces

Alá no alto das nubes cheas de auga e de cristaliños de xeo, algo ocorre… De repente, aparece o raio! cargado cunha enerxía capaz de traspasar a árbore e abrila en canal, capaz de iluminar coma un potente foco, e de facer vibrar o aire e provocar un tremendo ruxido.

Trátase da electricidade! Unha enerxía que adopta múltiples disfraces. Pode poñer o disfrace luminoso cando vemos un relampo ou cando prememos o interruptor do noso cuarto, o disfrace calorífico cando acendemos a estufa ou o disfrace sonoro co trono ou nun altofalante.

Enerxía útil, pero tamén perigosa. Que llo digan á pobre árbore!

Falamos

1. Segundo o texto, que disfraces pode adoptar a electricidade?
2. Relaciona no teu caderno estas columnas:

enerxía eléctrica •	• trono
enerxía luminosa •	• raio
enerxía sonora •	• relampo

3. Observa a imaxe, a que forma de enerxía lle ten medo cada un dos animais? Razoa a túa resposta.

Que importante é...
o consumo responsable!

Obter enerxía require tempo e esforzo. Ademais, trátase dun recurso escaso. Por todo iso, é importante non malgastala e usala adecuadamente.

Tarefa final

Ao final da unidade, coñecerás a Superxía e verás que facer para non malgastar a enerxía do planeta.

1 Formas e fontes de enerxía

Vaia faena! Mario rompeu sen querer o cristal da fiestra coa pelota.

Aínda que non podemos ver a enerxía da pelota cando se move veloz, si vemos os cambios que provoca nos corpos. Neste caso, o cristal da fiestra feito anacos polo impacto da pelota.

smCelmedixital.com
PRACTICA Identifica as formas da enerxía.

As formas da enerxía

A enerxía provoca cambios e pódese presentar de moitas formas. Por exemplo, a pelota que lanzou Mario presentaba enerxía do movemento ou cinética.

As formas da enerxía son: a **enerxía sonora**, a **enerxía luminosa**, a **enerxía calorífica**, a **enerxía eléctrica**, a **enerxía cinética** e a **enerxía química**.

Enerxía eléctrica

É a que teñen os raios nas tormentas, e a que utilizan os aparatos que empregan electricidade.

Enerxía cinética

É a que teñen os corpos en movemento, como as pedras lanzadas polo volcán.

Enerxía sonora

É un tipo de enerxía cinética, a que emiten os corpos ou o aire ao vibrar, como o estrondo do volcán.

Enerxía calorífica

É a que transfiren os corpos quentes, como a lava, aos corpos máis fríos.

Enerxía luminosa

É a que teñen os corpos que emiten luz, como o lume.

Enerxía química

É a que se almacena nalgúns materiais, como nas pilas e os combustibles, e nos seres vivos e os alimentos.

As fontes de enerxía

Na nosa vida diaria utilizamos moitas fontes de enerxía, como o sol, a gasolina ou o gas... A partir delas podemos obter enerxía.

As fontes de enerxía poden ser: **renovables** ou **non renovables**.

As **fontes de enerxía renovables** son aquelas que non se esgotan co uso porque se están formando continuamente. Por exemplo, o **sol**, o **vento** e a **auga en movemento**.

As **fontes de enerxía non renovables** son aquelas que poden chegar a esgotarse, porque as consumimos máis rápido do que poden xerarse. As máis importantes son os **combustibles fósiles**. Fórmanse a partir de restos de seres vivos que quedaron enterrados hai moitísimos anos. Son o **carbón**, o **gas natural** e o **petróleo**.

Actividades

1. Que tipo de enerxía posúe unha mazá? E unha lámpada que ilumina? E un volcán?
2. Indica se as seguintes fontes de enerxía son renovables ou non.

carbón | vento | sol | petróleo

As fontes de enerxía

Renovables

O **sol** proporciona **enerxía solar**. Os **paneis solares** transfórmana en calor ou en electricidade.

O **vento** proporciona **enerxía eólica**. Os **aeroxeradores** transfórmana en electricidade.

A auga en movemento posúe **enerxía hidráulica**. Ao caer, transfórmase en electricidade dentro das **centrais hidroeléctricas**.

Non renovables

O **carbón** extráese de minas e queimámolo para producir enerxía calorífica e eléctrica.

O **gas** extráese perforando o solo. Utilizámolo, sobre todo, para a calefacción.

O **petróleo** extráese escavando pozos na terra. Usámolo para obter gasolina e plásticos.

- A **enerxía** provoca cambios e móstrase de distintas formas: **enerxía calorífica**, **enerxía luminosa**, **enerxía química**, **enerxía eléctrica**, **enerxía cinética** e **enerxía sonora**.
- A enerxía provén de fontes **renovables** ou non **renovables**.

2 A calor

Carlos meteu dentro do peto do pantalón unha barriña de chocolate. Ao cabo dun anaco cóllea para comela, pero só saca unha masa branda e pegañenta. Vaia! A calor foi a culpable deste desastre.

A temperatura e a calor

Os corpos non conteñen nin calor nin frío. Porén, todos os corpos presentan **temperatura**, unha propiedade que se mide co **termómetro**.

Cando dicimos que algo está quente ou que está frío, en realidade, o que queremos dicir é que a súa temperatura é alta ou baixa.

Que é a calor?

A **calor** é o paso da enerxía dun corpo a outro máis frío, é dicir, a outro que presenta menos temperatura.

O corpo que está máis quente dálle ao corpo frío parte da súa enerxía ata que os dous acaban tendo a mesma temperatura. Dise entón que chegaron ao **equilibrio térmico**.

Sabías que...?

A roupa de abrigo non nos quenta

A roupa de abrigo está fabricada por materiais que impiden que a enerxía do noso corpo escape ao ambiente.

Así que non nos quenta, senón que impide que perdamos calor.

Observa e comprende — O equilibrio térmico

Fíxate nos pasos que se suceden para que a sopa de Silvia arrefríe.

Silvia vai comer a súa sopa, pero está moi quente. A súa nai dille que espere a que arrefríe.

A sopa, que está máis quente, dálle parte da súa enerxía ao aire, que está máis frío.

Se Silvia a deixa arrefriar moito tempo, a sopa e o aire terán a mesma temperatura.

Efectos da calor nos corpos

Cando un corpo recibe enerxía en forma de calor, poden suceder tres fenómenos:

- Producirse un **cambio de temperatura**. Cando os corpos quentes arrefrían ou cando os corpos fríos se quentan, prodúcese un cambio de temperatura que pode medirse cun termómetro.
- Producirse un **cambio de volume**. Se un corpo se quenta, aumenta o seu volume. Este aumento de volume recibe o nome de **dilatación**. Se un corpo arrefría, reduce o seu volume. Esta diminución de volume chámase **contracción**.
- Producirse un **cambio de estado**. Cando quentamos a materia pódese producir a **fusión**, que é o paso de sólido a líquido, e a **vaporización**, que é o paso de líquido a gas.

  Se arrefriamos a materia pódese producir a **condensación**, que é o paso de gas a líquido, e a **solidificación**, que é o paso de líquido a sólido.

Ao mesturalos na cunca, baixa a temperatura do chocolate quente e aumenta a temperatura do leite frío.

Se deixamos ao sol un globo inflado, ao cabo dun tempo estoupa, xa que o aire do seu interior se dilatou debido á calor.

A calor da chama acendida provoca que a cera da candea pase de estado sólido a estado líquido.

A calor pode provocar nos corpos **cambios de temperatura**, **cambios de volume** e **cambios de estado**.

Actividades

3 Por que se deixa unha separación entre os raís do tren?

A. Pola dilatación.

B. Pola contracción.

C. Pola fusión.

3 A luz

Serías capaz de ir á cociña da túa casa sen dar un golpe coas paredes? É realmente difícil!

Podemos ver o mundo que nos rodea grazas á súa interacción coa luz, unha forma de enerxía que ilumina o noso planeta. A nosa principal fonte de enerxía luminosa é o sol, pero hai máis. Imos velas!

Fontes luminosas

As **fontes luminosas naturais** encóntranse na natureza e emiten luz propia, como o sol ou os relampos. As **fontes luminosas artificiais** foron fabricadas polas persoas, como a lámpada que hai no interior dun farol, na que se transforma a enerxía eléctrica en luz.

A luz que emite unha fonte luminosa **propágase**, é dicir, móvese dun lugar a outro ata que chega a un corpo.

As características da propagación da luz son:

- **Viaxa a gran velocidade.** Un raio de luz pode dar sete voltas á Terra en só un segundo!
- **Móvese en liña recta.** Por iso a luz deixa de verse cando un corpo se interpón no seu percorrido.
- **Propágase en todas as direccións** e atravesa os **medios transparentes e translúcidos**, como a auga ou o vidro, aínda que pode variar a súa velocidade ao facelo.

Os corpos e a luz

Segundo como se comporten os corpos ante a luz, podemos clasificalos en:

- Corpos **transparentes**, como o vidro, que deixan pasar a luz.
- Corpos **opacos**, como un libro, que bloquean o paso da luz.
- Corpos **translúcidos**, como algúns plásticos, que deixan pasar a luz pero a desvían, de xeito que a imaxe que vemos a través deles é borrosa.

Propiedades da luz

Existen algunhas propiedades comúns a todos os tipos de luz. Son a **reflexión** e a **refracción**.

- A **reflexión da luz** é o cambio de dirección que experimenta a luz cando choca cun corpo. A reflexión fai posible que vexamos os obxectos que non teñen luz propia.
- Os **espellos** son corpos opacos cuxa superficie, lisa e puída, reflicte a luz e é capaz de formar unha imaxe. Dependendo de como sexa a imaxe que reflicten, os espellos poden ser **planos**, **cóncavos** ou **convexos**.

- A **refracción da luz** é o cambio de dirección que sofre a luz cando pasa dun medio a outro.

  O arco iris que observamos cando a luz atravesa unha gota de chuvia é tamén consecuencia da refracción. Ao refractarse varias veces, a luz branca **descomponse**, é dicir, sepárase nas cores que a compoñen: vermello, laranxa, amarelo, verde, azul, anil e violeta.

Actividades

4. Por que podemos ver a nosa imaxe nun espello?
5. Por que dicimos que a luz branca é mestura de sete cores? Cales son estas cores?

- As **fontes luminosas** poden ser **naturais** ou **artificiais**.
- A **reflexión** permite ver os obxectos que non emiten luz.
- A **refracción** prodúcese cando a luz pasa dun medio a outro distinto.

4 O son

Pon as mans na gorxa e fala. Notas como treme? Estas vibracións prodúcense ao pasar o aire pola gorxa, debido ao movemento dunhas dobras, chamadas cordas vocais, e constitúen o son da nosa voz.

O **son** é unha forma de enerxía que se produce pola vibración dos corpos e que percibimos grazas ao sentido do oído.

A propagación do son

Os indios pegaban a orella ao chan. Por que facían iso?

Sorprenderate saber o intensos que se poden chegar a escoitar os sons no chan.

O son propágase dun lugar a outro a través dun **medio natural**, como o aire e a terra. Canta máis materia teña o medio para vibrar, máis rapidamente se transmitirá o son. Así, no aire, o son viaxa moito máis amodo ca na terra.

Igual que sucede coa luz, o son propágase **en liña recta** e en **todas as direccións.** Así e todo, viaxa moito máis lentamente ca a luz.

Sabías que...?

A luz é moito máis rápida ca o son

No aire o son viaxa a 340 metros por segundo, mentres que a luz o fai a 300.000 metros por segundo. É mil veces máis rápida!

Experimenta **Mira o son!**

1. Cubre un vaso cun papel de aluminio.

2. Estende un pouco de sal ou de azucre.

3. Colle unha tarteira e golpea a súa base cun cullerón, cerca do vaso co sal.

6 Que moven o papel de aluminio e o sal? Xustifica a túa resposta.

Calidades do son

Seguro que che resulta moi doado distinguir a voz da túa nai ou a voz dun amigo. Iso é porque os sons teñen unhas calidades que permiten que os diferenciemos.

As calidades do son son: a **intensidade**, o **ton** e o **timbre**.

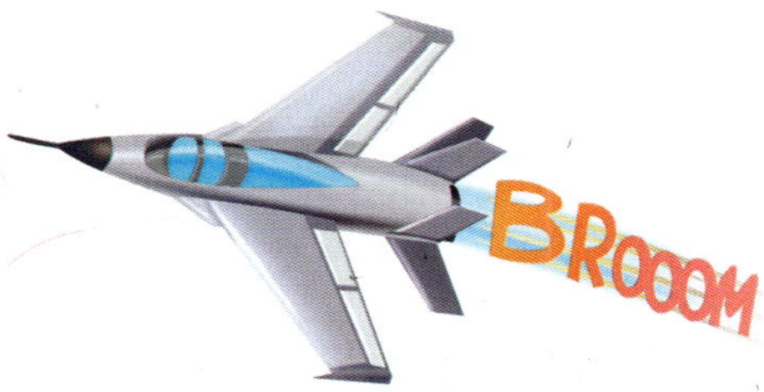

A **intensidade** permite diferenciar entre sons **fortes**, como o dun motor, e sons **débiles**, como o piar dun paxaro.

O **ton** pode ser **agudo**, como por exemplo o son dun violín, ou pode ser **grave**, como o son dun contrabaixo.

O **timbre** permite diferenciar sons do mesmo ton e intensidade, segundo o corpo que os emite.

Contaminación acústica

Non todos os sons resultan agradables ao oído. O **ruído** fórmano aqueles sons que nos desagradan por ser moi fortes ou moi agudos, ou ben cando se mesturan moitos sons á vez. O exceso de ruído é unha forma de contaminación, chamada **contaminación acústica**.

Soportar ruídos continuamente pode prexudicar a nosa saúde. O ruído é capaz de provocar danos nos nosos oídos ou trastornos nerviosos como angustia, mal humor e insomnio.

Podemos diminuír a contaminación acústica se reducimos o tráfico, escoitamos música a unha intensidade adecuada, ou evitamos os berros e o ruído innecesario.

smCelmedixital.com
XOGA E APRENDE Xoga co son.

- O **son** propágase en **liña recta**, **en todas as direccións** e sempre nun **medio natural**.
- As características do son son: a **intensidade**, o **ton** e o **timbre**.

Actividades

7. Por que en días de treboada percibimos antes o raio ca o trono, se ambos se producen á vez?

5 A electricidade

Freta un bolígrafo de plástico nunha peza de vestir de la e acércao ao teu brazo. Ves como se levantan os pelos?

É a manifestación da **electricidade estática**, un conxunto de fenómenos relacionados cunha propiedade da materia, chamada **carga eléctrica**, que provoca forzas de atracción ou de repulsión entre algúns corpos.

Cargas eléctricas

Normalmente, os corpos son neutros porque teñen as súas cargas equilibradas, é dicir, teñen igual carga positiva ca negativa. Pero ao fretalos, adquirirán máis **carga positiva** ou máis **carga negativa**.

Se acercamos dous corpos con distinta carga, atraeranse. En cambio, se os corpos teñen a mesma carga, repeleranse.

Este tipo de electricidade que fai que algúns corpos se atraian ou repelan chámase **electricidade estática**.

A corrente eléctrica e os circuítos eléctricos

Cando as cargas eléctricas entran en movemento, fórmase unha corrente eléctrica. Para que a corrente circule, é necesario un **circuíto eléctrico** formado por distintos compoñentes.

Os efectos da electricidade

A enerxía eléctrica pode transformarse noutras formas de enerxía para proporcionarnos luz, calor, son, movemento... Isto sucede grazas aos aparatos eléctricos, que fan moi cómoda a nosa vida diaria.

As formas de enerxía nas que se pode transformar a electricidade son: a **enerxía luminosa**, a **enerxía calorífica**, a **enerxía cinética** e a **enerxía sonora**.

- A **corrente eléctrica** débese ao movemento de **cargas eléctricas** por un circuíto.
- Os **circuítos eléctricos** están formados por un **xerador de corrente**, os **elementos condutores**, un **receptor** e un **interruptor**.

smCelmedixital.com
PRACTICA Descubre os efectos da electricidade.

Actividades

8. Que ocorre se se acercan dous corpos con igual carga eléctrica?

9. Cita tres usos que pode ter a corrente eléctrica.

Así se constrúe a ciencia

Construímos un periscopio

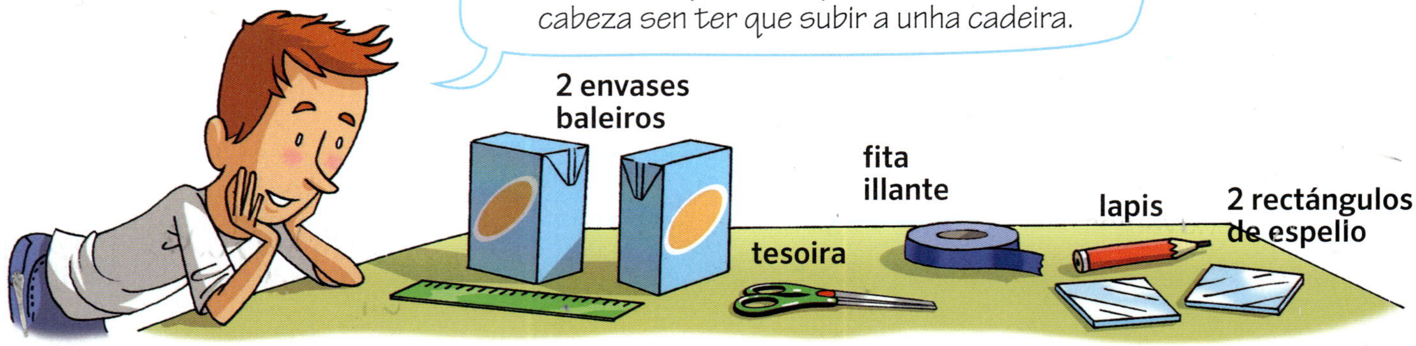

PASO 1 **Cortamos os envases.** Quitamos a parte superior de ambos. Nunha das caras e na base de cada envase, debuxamos un recadro de 12cm × 10 cm e recortámolo.

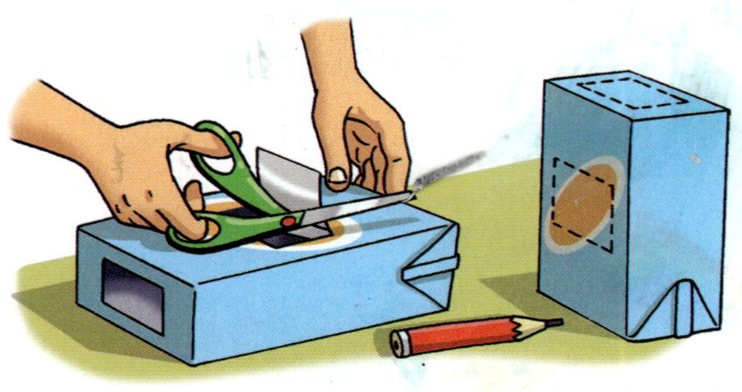

PASO 2 **Engadimos os espellos.** No outro lateral dos envases, debuxamos unha liña coa mesma inclinación ca a do debuxo. Recortamos por esa liña e inserimos os espellos.

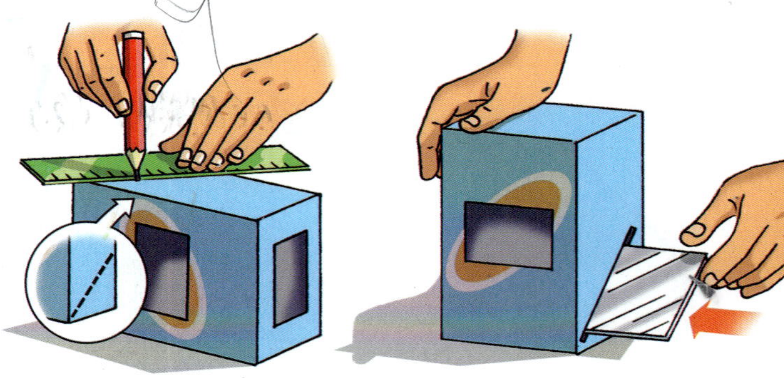

PASO 3 **Construímos o periscopio.** Cortamos a base dun dos envases, metemos unha caixa dentro doutra e unímolas con fita illante.

Razoo

1. En que fenómeno luminoso se basea o periscopio? Razoa a túa resposta.

Poño en práctica

2. Constrúe o teu periscopio. Funcionaría se usásemos cartóns en vez de espellos?

Organiza as túas ideas

A enerxía

- provén de
  - Fontes renovables
    - Fontes non renovables
- manifféstase como
  - Calor
  - Luz
    - ten Propiedades
      - son
        - Reflexión
        - Refracción
  - Son
    - ten Propiedades
      - son
        - Intensidade
        - Ton
        - Timbre
  - Electricidade
    - fai funcionar Circuíto eléctrico

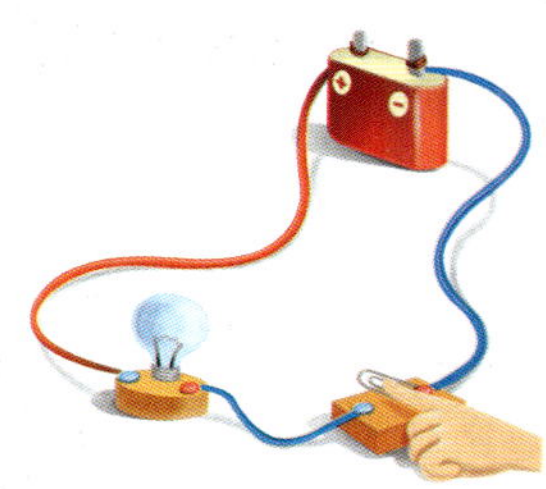

Traballa co esquema

1. Coloca estas imaxes no teu esquema, segundo se trate dunha fonte de enerxía renovable ou non renovable.

a  b  c 

2. Copia o esquema e engade os tipos de cambios que produce a calor.

3. Copia e completa o texto. Despois engade as palabras no teu esquema.

> Os corpos que emiten luz son ●●●. Divídense en ●●●, se se achan na natureza, e en ●●●, se foron fabricados.

4. En que parte do esquema colocarías as seguintes palabras?

agudo · equilibrio térmico · petróleo · espello · xerador · dilatación

5. Engade ao teu esquema tres medidas que eviten a contaminación acústica.

6. Copia o circuíto eléctrico do esquema e indica os elementos que o compoñen.

7. Engade ao teu esquema as formas de enerxía nas que se pode transformar a electricidade mediante aparatos eléctricos.

Repasa a unidade

1 Relaciona no teu caderno cada tipo de enerxía co aparato que a aproveita.

enerxía solar •	• aeroxerador
enerxía eólica •	• placa solar
enerxía hidráulica •	• central hidroeléctrica

2 Como afecta aos seres vivos a produción e o uso da enerxía polos seres humanos? Que podes facer ti para realizar un uso adecuado da enerxía?

3 Fíxate na conversa de Rubén e Eva. Que lle responderías a Rubén?

4 A temperatura da cadeira é de 20 °C e a de André, de 36 °C. Cando o neno sente, como se moverá a calor, da cadeira a André ou de André á cadeira? Xustifica a túa resposta.

5 Observa as sombras. Indica no teu caderno se a fonte luminosa está á esquerda ou á dereita de cada imaxe.

6 As ambulancias colocan o seu rótulo desta maneira para que poidamos lelo a través do espello interior dos coches. Que propiedade da luz se utiliza neste caso?

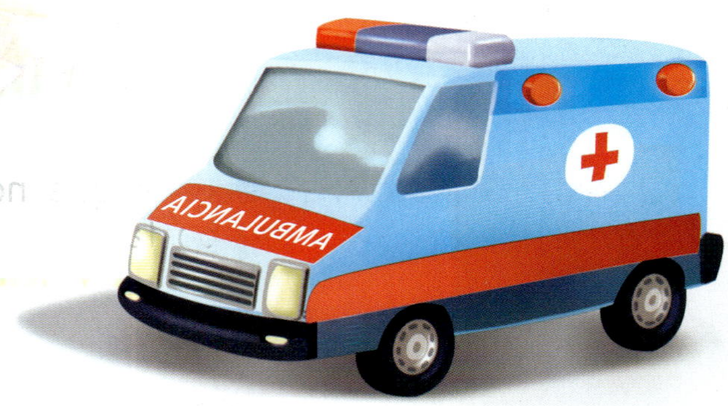

7 Que calidades describen o son do voo dun mosquito?

A. De intensidade forte e ton agudo.

B. De intensidade débil e ton agudo.

C. De intensidade débil e ton grave.

8 En que circuíto lucirá a lámpada? Por que?

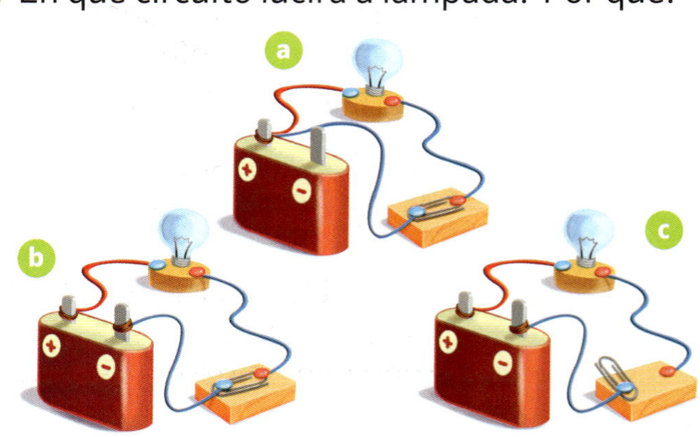

smCelmedixital.com

VALORA O APRENDIDO Comproba o que sabes na **autoavaliación**.

Ponte a proba

Un truco de maxia?

1 Cres que Carla ten razón e que non é maxia? Explica a túa resposta.

2 Que enerxía está producindo estes cambios? En que consiste?

Tarefa final Heroes da enerxía

Superxía é unha heroína que loita polo bo uso da enerxía da Terra. A súa propia vida depende diso, xa que cada vez que se fai un mal uso enerxético, ela perde forza. Axúdaslle?

PASO 1 Preparade unha historieta coas aventuras de *Superxía* para salvar a enerxía do planeta. Dividide a clase en tres grupos e preparade tres capítulos distintos: *Superxía no colexio*, *Superxía na miña casa* e *Superxía na cidade*.

PASO 2 Debuxade as escenas. Nelas tedes que indicar onde se fai un mal uso da enerxía e como solucionalo.

PASO 3 Lédelle os tres capítulos ao resto da clase e comentade, entre todos, que medidas podemos tomar na nosa vida cotiá para contribuír ao aforro enerxético.

smCelmedixital.com
VALORA O APRENDIDO **Como traballaches** nesta tarefa?

A túa revista

Unha enerxía Solidaria

Para axudar a milleiros de persoas que viven sen luz, ideouse un marabilloso sistema do máis sinxelo: colocar unha botella chea de auga nun burato no teito da vivenda. A luz do sol atravesa a auga da botella, dispérsase en todas as direccións e ilumina o cuarto por completo. Igual ca unha lámpada, pero sen gasto nin contaminación.

É renovable esta enerxía?

Eco, ecoooooooo!

Seguro que probaches a subir ao alto dunha montaña e a berrar o teu nome para poder oílo repetido.

Non é que ao outro lado haxa alguén berrando o teu nome, senón que se trata do eco da túa propia voz.

Cando o son se encontra cun obstáculo, pode rebotar cara ao emisor. Se este obstáculo se encontra a máis de 17 metros, o son reflectido distínguese claramente, e é o que chamamos eco.

Como se propaga o son?

Caza ás cegas

Para guiarse na escuridade e non chocar cos obxectos, os morcegos utilizan uns sons tan agudos que nós non podemos nin sequera oílos.

Son gritos moi curtos que rebotan contra os obxectos do seu redor e lles chegan de novo aos oídos. Segundo o tempo que tarde en chegar ese son rebotado e a súa dirección, os morcegos poden localizar os obxectos ou as súas presas.

Ademais, son capaces de diferenciar se o que teñen cerca son inimigos, comida ou paredes. Claro, con esas orellas cáptase calquera cousa.

Que calidades ten o son?

Devoradores de enerxía

Hoxe en día, a nosa sociedade é insaciable. Quere máis e máis enerxía, e dálle igual o que leve por diante.

Estamos acabando coas reservas de combustibles fósiles, cuxo consumo, ademais de contaminar, está elevando perigosamente a temperatura do planeta.

Isto provocou que os xeos do Polo Norte e os do Polo Sur se estean fundindo, co que moitos seres que vivían nestas zonas poden acabar desaparecendo.

Que fontes de enerxía deberiamos usar para danar menos a Terra?

Botando chispas!!

Os nosos ollos, o noso corazón, os músculos... funcionan grazas a un tipo de enerxía eléctrica, chamada bioelectricidade, que se xera dentro do noso corpo.

Incluso se pode dicir que as células do noso cerebro se comunican unhas con outras a través de sinais eléctricos.

E o mellor é que nin tan sequera necesitamos estar enchufados!

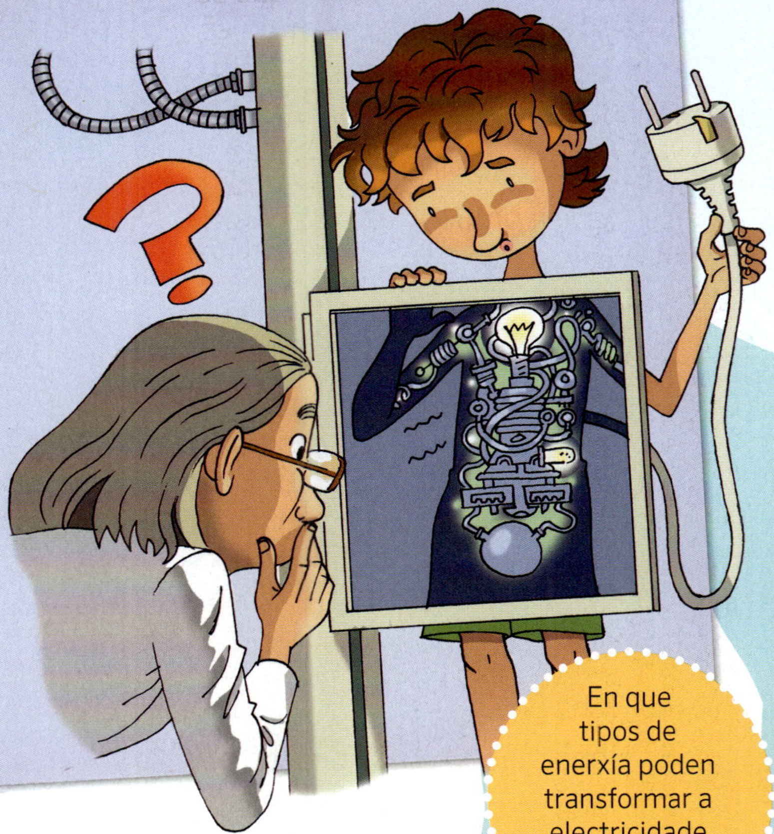

En que tipos de enerxía poden transformar a electricidade os aparatos eléctricos?

Comproba o que aprendiches

Test

Lembras todo o que aprendiches durante este trimestre? Compróbao con este test.

1. Compara estes obxectos. Cal é a resposta correcta?

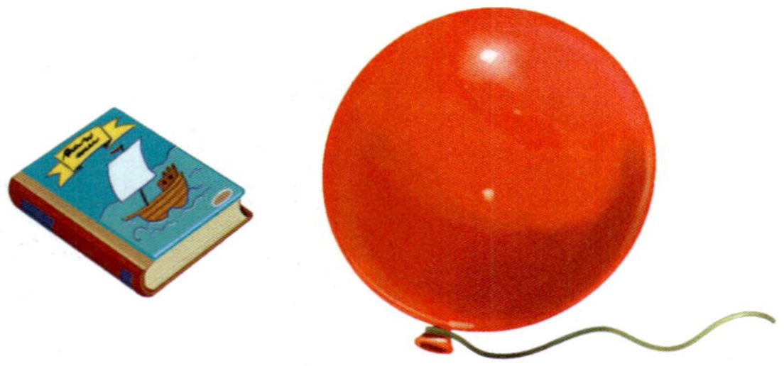

A. O globo ten máis volume e menos masa ca o libro.
B. O globo e o libro teñen o mesmo volume e distinta masa.
C. O globo ten máis volume e máis masa ca o libro.

2. Que tipo de cambio se está producindo neste xeado?

A. Un cambio físico.
B. Non se produce ningún cambio.
C. Un cambio químico.

3. Que máquina utilizou Clara?

A. Unha polea.
B. Unha máquina composta.
C. Unha panca.

4. Cal destes elementos funciona cunha fonte de enerxía renovable?

A. A moto e os aeroxeradores.
B. Os aeroxeradores.
C. O coche.

5. Por que se produce este fenómeno?

A. Porque a luz se descompón nas gotiñas de auga.
B. Iso non ocorre. É un espellismo.
C. Pola reflexión da luz no mar.

6. Que elemento usarías para que circulase a corrente eléctrica por este circuíto?

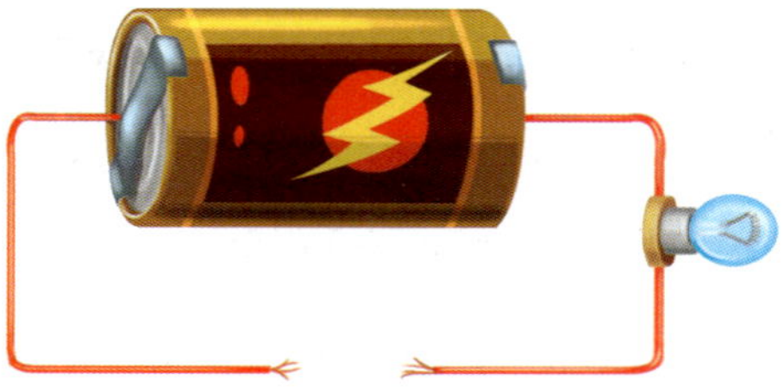

A. Unha regra de madeira.
B. Un garfo metálico.
C. Un pano de tea.

smCelmedixital.com REPASA

Reformas que aforran enerxía

Uxía, Breogán e os seus pais están decorando o dormitorio dos nenos na nova casa.

1. Axuda ao pai de Uxía e Breogán. De que cor hai que pintar o cuarto para que reflicta todos os compoñentes da luz?
2. Que relación ten a cor das paredes co aforro de enerxía eléctrica?
3. Paréceche boa idea poñer lámpadas de baixo consumo? Xustifica a túa resposta.
4. En que lado da mesa de estudo poñerías as cadeiras, en fronte da fiestra ou de costas a ela? Razóao.
5. Breogán non sabe que material escoller para a mesa. Que mesa elixirías ti, a de madeira ou a de plástico? Razoa a túa resposta.
6. Se se cubrisen as paredes con tea e se puxese unha alfombra no chan, cres que o son se reforzaría ou que quedaría máis apagado? Por que?
7. Fai un deseño do dormitorio que che gustaría ter, pero procura aforrar toda a enerxía posible.

Un encontro entre culturas

PROXECTO TRIMESTRAL
Descubrimos a historia

Culturas con enerxía

A enerxía sempre estivo presente na Historia. Se nos fixásemos en calquera imaxe de calquera época, poderiamos ver as súas diferentes formas e efectos.

O ser humano, en xeral, soubo utilizar a enerxía no seu beneficio e isto foi un factor moi importante para a súa evolución como especie.

1 As máquinas axúdannos a realizar traballos con menos esforzo. Para construír as pirámides maias e tamén os castelos utilizábanse máquinas parecidas a estas. Obsérvaas e responde as preguntas.

Carreta

Pozo

a) Clasifica as máquinas segundo sexan simples ou compostas.

b) Unha das ferramentas é unha panca. Indica a cal das imaxes corresponde e o tipo de panca de que se trata.

c) Que propiedades cres que deberían ter os materiais que usaban para construír as pirámides maias e os castelos? Xustifica a túa resposta.

2 Observa as seguintes imaxes, nas que se representan momentos históricos, e contesta as preguntas que aparecen a continuación.

a) Que tipos de enerxía aparecen en cada imaxe? Copia e completa o cadro no teu caderno.

Cerimonia maia		Asedio a un castelo	
Tipo de enerxía	Onde a ves?	Tipo de enerxía	Onde a ves?
●●●	●●●	●●●	●●●
●●●	●●●	●●●	●●●
●●●	●●●	●●●	●●●

b) As culturas evolucionaron, e na actualidade algunhas fontes de enerxía utilízanse de maneira distinta a como se utilizaban antigamente.

En equipos de catro ou cinco compañeiros, eliximos unha imaxe e explicamos nun mural os cambios que sufriron as fontes de enerxía desde a antigüidade ata o noso tempo.

ARTRÓPODOS
Son os animais máis abundantes da Terra.

ARÁCNIDOS
Teñen o corpo dividido en dúas partes: abdome e cefalotórax. Presentan oito patas e non posúen antenas nin ás.

CRUSTÁCEOS

Teñen o corpo dividido en dúas partes: abdome e cefalotórax. Non posúen ás, pero todos contan con dúas antenas e dez patas. Nalgúns casos, dúas das súas patas teñen forma de pinza, como as do lumbrigante.

INSECTOS
Teñen o corpo dividido en tres partes: cabeza, tórax e abdome. Todos presentan antenas e seis patas, e algúns teñen ás, como as libélulas.

ESPONXAS
O seu corpo está cheo de poros polos que entra a auga do mar cargada de substancias alimenticias.

MEDUSAS

Posúen unha boca que pode ter tentáculos velenosos para defenderse e cazar.

VERMES

Algúns vermes son terrestres, como a miñoca, e outros acuáticos, como o nereis.

EQUINODERMOS

Na parte inferior do corpo, posúen multitude de pequenos pés grazas aos que se moven.

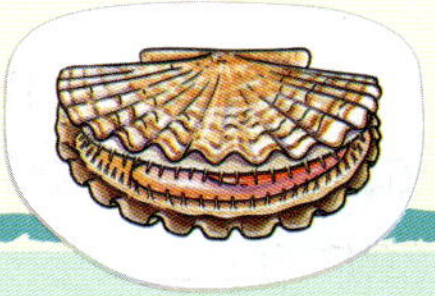

MOLUSCOS

Clasifícanse en varios grupos:

- Con dúas cunchas, chamadas valvas, como o mexillón.
- Cunha cuncha, como o caracol.
- Con cuncha interna, como a lura.

MAMÍFEROS

Posúen catro extremidades que, nos terrestres, é en forma de pata e nos acuáticos, como o delfín, é en forma de aletas. O morcego é o único mamífero voador e presenta ás.

Respiran mediante pulmóns.

Por iso, os mamíferos acuáticos, como a balea e o delfín, soben á superficie a respirar.

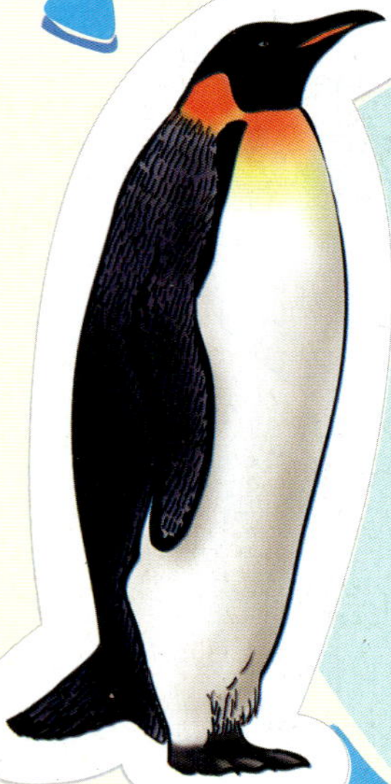

AVES

Posúen catro extremidades. As dianteiras teñen forma de ás e as traseiras son patas cubertas de escamas.

Case todas as aves utilizan as ás para voar, pero outras, como o pingüín, utilízanas para nadar.

A gran maioría das aves incuban os seus ovos e coidan das súas crías cando estas nacen.

RÉPTILES

Algúns réptiles, como o lagarto, posúen catro patas curtas. Outros, como as serpes, carecen delas e reptan para desprazarse.
Algúns, como a tartaruga, posúen unha coiraza para protexer o seu corpo.
Non incuban os seus ovos nin coidan as súas crías.

PEIXES

Respiran a través das branquias, que se encontran a ambos os lados da súa cabeza.
Despois da posta, os peixes non coidan os seus ovos e non coidan as súas crías.

ANFIBIOS

Respiran a través dos pulmóns e, cando son adultos, tamén a través da pel.
Despois do seu nacemento, os anfibios sofren unha serie de transformacións ata chegar á idade adulta. Este proceso chámase metamorfose.

O libro **Ciencias da Natureza** para **4.º de Primaria** forma parte do Proxecto Editorial de Educación Primaria de Xerme Edicións. Na súa realización participou o seguinte equipo:

Autoría
Alicia Soria
Juan Miguel Hidalgo e Vicente Moratalla (Proxectos trimestrais)

Asesoría científica
J. G. L. de Guereñu

Edición
Esther Sánchez, Almudena de Andrés (edición dixital), Virginia López

Coordinación e asesoramento lingüísticos
Rinoceronte Servizos Editoriais

Ilustración
Suri; Luis Doyagüe; Eduardo Rodríguez; Félix Moreno/ ARQUIVO SM; Nicolás Fernández; Marina Gómez; ARQUIVO SM

Fotografía
María Pía/ ARQUIVO SM; CONTACTO; SCALA; THINKSTOCK; 123RF; SHUTTERSTOCK; iStock; AGE FOTOSTOCK; WMG, University of Warwick

Edición gráfica
María Pía Hidalgo

Deseño de cuberta e interiores
Estudio SM

Maquetación
Rinoceronte Servizos Editoriais

Responsable do proxecto
Mireia Casaus

Coordinación de contidos dixitais
Mara Mañas

Coordinador editorial de Ciencias
Laura Pérez

Coordinación editorial de Primaria
Nuria Vallina, Nuria Corredera

Coordinador de arte e deseño
Mario Dequel

Dirección editorial
Aída Moya

Ilustración de cuberta
de Xavier Salomó, do libro
Versos de colores, SM, 2012

Todas as actividades contidas neste libro deben ser realizadas nun caderno á parte, nunca no propio libro.
Os espazos incluídos son meramente indicativos e a súa finalidade é puramente didáctica.

Xestión dos enderezos electrónicos
Debido á natureza dinámica de internet, Xerme Edicións non pode responsabilizarse dos cambios ou as modificacións nos enderezos e os contidos dos sitios web aos que remite neste libro.

Co obxecto de garantir a adecuación dos enderezos electrónicos desta publicación, Xerme Edicións emprega un sistema de xestión que reenvía as URL que, con fins educativos, aparecen nela cara a diversas páxinas web; entre outras de uso frecuente: http://gl.wikipedia.org, www.youtube.es. Xerme Edicións declina calquera responsabilidade polos contidos ou a información que puidesen albergar, sen prexuízo de adoptar de forma inmediata as medidas necesarias para evitar o acceso desde as URL desta publicación ás devanditas páxinas web en canto teña constancia de que puidesen aloxar contidos ilícitos ou desapropiados. Para garantir este sistema de control é recomendable que o profesorado comprobe con antelación os enderezos relacionados e que comunique á editorial calquera incidencia a través do correo electrónico ediciones@grupo-sm.com.

ISBN: 978-84-9854-528-9
Depósito legal: M-05.031-2015
Impreso na UE / *Printed in EU*

Este libro está impreso en papeis procedentes de bosques xestionados de xeito sustentable.